Erich Reiter

Neutralität oder NATO

Erich Reiter

Neutralität oder NATO

Die sicherheitspolitischen Konsequenzen aus der europäischen Aufgabe Österreichs

Styria

Schriftenreihe: Forschungen zur Sicherheitspolitik

Printed in Austria
Umschlaggestaltung: Gerald Gaschler, Wien
Redaktion, Grafik, Satz: Gerald Gaschler
Druck: Robitschek & Co,Wien
ISBN 3-222-12500-7

Inhalt

Anhang

Vorwort

Ende des Jahres 1996 – so ist es geplant – nach der Wahl des russischen und des amerikanischen Präsidenten, will die NATO sich konkret mit der Aufnahme neuer Mitglieder befassen. Im Frühjahr 1996 hat die Regierungskonferenz der Europäischen Union (EU) begonnen; sie soll unter anderem auch die Weiterentwicklung der Gemeinsamen Außen- und Sicherheitspolitik (GASP) behandeln und strukturelle Voraussetzungen für die Erweiterung der EU schaffen. Österreich wird in der zweiten Hälfte 1998 die Ratspräsidentschaft der EU innehaben. Ein Zusammenhang zwischen NATO-Erweiterung und EU-Erweiterung ist unübersehbar. Beides – NATO- und EU-Erweiterung – wird nicht zugleich exekutiert werden, sondern einen gewissen Zeitraum in Anspruch nehmen, aber die Entscheidungen werden wahrscheinlich um die Wende 1996/97 fallen.

„Heiß umfehdet, wild umstritten, liegst dem Erdteil du inmitten, einem starken Herzen gleich …", so beginnt die zweite Strophe unserer Bundeshymne. Aber diesen Inhalt, der auf eine alte historische Erfahrung weist, scheint Österreich vergessen zu haben, hüllt sich in den angeblich schützenden Mantel der Neutralität und betreibt noch immer eine Sicherheitspolitik in Vogel Strauß-Manier.

Soferne es in unserer jüngsten Vergangenheit überhaupt eine dem Namen gerecht werdende Sicherheitspolitik gab, diente diese nicht als Realpolitik der Beseitigung oder Reduzierung von Gefahrenquellen, sondern (als Sicherheitsphilosophie) der Beseitigung der Angst vor Gefahren. Nun ist es aber hoch an der Zeit, Sicherheitspolitik als Realpolitik zu begreifen und sich den großen Fragen der österreichischen Politik zu stellen.

Die entscheidende Frage für Österreich in der Sicherheitspolitik lautet: Neutralität oder NATO.

Die Auseinandersetzung mit dieser heute mehr denn je aktuellen Frage anzufachen und mitzuhelfen, den Entscheidungsprozeß zu beschleunigen, ist die Absicht dieses Buches, das in enger Anlehnung an eine heuer erschienene Studie des Autors verfaßt wurde.

Erich Reiter

Übersicht und Problemstellung

Aus historischer Erfahrung kann man behaupten, daß sich eine neue Sicherheitsordnung Europas nicht aus den vielfältigen intellektuellen Ideen über die Schaffung einer europäischen Sicherheitsarchitektur entwickeln läßt, sondern, daß sie sich aus der Neubildung der Hegemonialbereiche heraus ergeben wird; also aus der Rolle der NATO bzw. der USA, der EU und Rußlands (wobei sowohl innerhalb der EU als auch im Sinne nationalstaatlicher Politik die Rolle Deutschlands beachtet werden muß).

Regionale und europäische Sicherheitspolitik sollte immer im globalen Zusammenhang gesehen werden. Das Verhalten der großen Mächte in und gegenüber Europa hängt von ihren weltweiten Interessen und Engagements sowie ihrer jeweiligen strategischen Kooperation ab. Auch nationale Sicherheitspolitik sollte nicht nur aus der kleinperspektivischen Interessenslage heraus formuliert werden. Nationale Sicherheitspolitik muß vielmehr von einer größeren Interessenslage ausgehen, die auf den identifizierbaren gemeinsamen Interessen europäischer Industriestaaten mit einer freiheitlichen Gesellschaftsordnung aufbaut: Konkurrenz- und Überlebensfähigkeit in wirtschaftlicher und technisch-wissenschaftlicher Hinsicht in einer zunehmenden weltweiten Verflechtung der Volkswirtschaften mit bislang unvorstellbaren Wettbewerbssituationen und Herausforderungen hinsichtlich der Standortkonkurrenz und der Kontrolle außerstaatlicher Finanzströme.

Aus Österreichs geographischer Nähe zu zwei der drei Räume des ehemaligen „Osteuropa“, in denen eine Neuordnung der internationalen Machtverhältnisse im Gange ist (Zentral- bzw. Mittelosteuropa und Südosteuropa; nicht direkt betroffen ist Österreich lediglich von der Veränderung im Bereich Baltikum–Ostsee), kann man die besondere Bedeutung der Neuordnung der Hegemonialbereiche für Österreichs zukünftige Situation ersehen. Kein europäisches Land ist von seiner Geographie her so stark von den aktuellen Neuordnungsprozessen in Europa betroffen wie Österreich. Aus seiner geographischen Situation heraus ergibt es sich aber auch, daß Österreich selbst große Bedeutung für die künftigen Konstellationen in Europa hat, wie das seit dem Ende der Monarchie nicht mehr der Fall war.

Zunahme imperialistischer Tendenzen in Rußland

Wenngleich – längerfristig gesehen – die Chancen der Entwicklung der EU zu einer Verteidigungsgemeinschaft im Hinblick auf die globalen Gegebenheiten (insbesondere im Hinblick auf die zunehmende globale Wirtschaftskonkurrenz sowie den Wettbewerb im technologischen Bereich, was einen größeren Zusammenhalt der europäischen Länder erzwingen wird) durchaus gegeben sind, so ist doch die kurzfristige Herausbildung einer Verteidigungsidentität der EU-Länder unrealistisch. Es wird noch viel Einsicht der sich derzeit nationalistisch gebärdenden europäischen Mächte für diesen Weg nötig sein.

Im Hinblick auf diese Annahme ist der Umstand beachtlich, daß die Entwicklung Rußlands, die ihrerseits ganz entscheidend für die europäische Lageentwicklung sein wird, völlig offen ist. Auf absehbare Zeit sind aber nach ganz überwiegender Meinung der politischen Analytiker weder stabile politische Verhältnisse noch eine Festigung der Demokratie in diesem Land zu erwarten. Die Zunahme imperialistischer Tendenzen ist hingegen festzustellen; offen erscheint lediglich, wie weit Rußland seine Herrschafts- und Einflußzonen ausbauen will, nicht hingegen das Ob.

Entgegen pazifistischen Erwartungshoffnungen hat ein – wenngleich bisher vorsichtiger – Wettlauf um die künftigen Einflußbereiche im ehemaligen Osteuropa bereits eingesetzt. Für Österreichs Sicherheitspolitik gilt es, realistische Positionen einzunehmen und ideologische Betrachtungen in der Sicherheitspolitik abzubauen. Das gilt nicht nur für die Entideologisierung der Neutralität sondern auch im Hinblick auf realistische Einschätzungen unserer Gestaltungs- und Mitwirkungsmöglichkeiten in der internationalen Politik. So positiv Österreichs Engagement für die Weiterentwicklung des kooperativen Sicherheitssystems der OSZE und für die Realisierung eines kollektiven gesamteuropäischen Sicherheitssystems im Sinne der Vereinten Nationen prinzipiell zu bewerten ist, so muß doch auch bewußt sein, daß mit dem Verfolgen dieser langfristig visionären Ziele keine konkreten sicherheitspolitischen Entscheidungen für die Gegenwart und die nähere Zukunft zu ersetzen sind. Österreichs Sicherheitspolitik läuft jedoch Gefahr, einen – möglicherweise gefährlichen – Fehler in eben diese Richtung zu begehen, indem durch „schöngeistiges“ Parlieren über die Friedenshoffnungen den konkreten Fragen ausgewichen wird. So wird immer wieder durch kunstvolle Argumentation die zentrale Frage der österreichischen Sicherheitspolitik beiseite gedrängt: Die Frage des NATO-Beitrittes.

Insgesamt lassen sich im Hinblick auf die Weiterentwicklung der europäischen Sicherheitsordnung zumindest drei Zwischenzeiten feststellen:

- Erstens eine langfristige bis zur Entwicklung eines gesamteuropäischen Sicherheitssystems kollektiver Art; diese Entwicklung ist derzeit allerdings noch rein spekulativ.
- Zweitens mittelfristig die Entwicklung einer Verteidigungskomponente der EU; diese ist ein nicht unwahrscheinlicher aber derzeit noch völlig offener Prozeß. Beide Perspektiven können keine ausreichende Basis für nationale sicherheitspolitische Konzeptionen bieten; man kann lediglich versuchen, die politischen Prozesse in die gewünschte Richtung hin zu unterstützen.
- Die dritte Zwischenzeit ist die bis zum Prozeß der NATO-Erweiterung. Da auch dieser Prozeß – zumindest hinsichtlich des Ausmaßes der Erweiterung – noch ungewiß ist, könnte Österreichs rascher Beitritt zur westlichen Militärallianz eine Beruhigung der Situation bewirken: Österreich hat heute nämlich tatsächlich jene Brückenfunktion zwischen dem politischen Westen und den Reformländern des ehemaligen Osteuropa, die es sich in der Zeit des Ost-West-Konfliktes als Neutraler eingebildet hat. Das gilt besonders für die mögliche Funktion Österreichs, Reformländer allmählich, ohne Überstürzung, an die westlichen Institutionen heranzuführen. Österreich kommt als EU-Mitglied dabei auf Grund seiner geographischen Lage eine herausragende Bedeutung zu.

Nachdem die NATO-Erweiterung ein offener Prozeß ist, der auch zu Spannungen mit Rußland führen kann und wird, könnte die rasche sicherheitspolitische und militärische

Westintegration Österreichs eine entscheidende Stabilisierung in Mitteleuropa bewirken: Österreichs Beitritt zu NATO (und WEU) wäre eine unkonfrontative (wenngleich von Rußland natürlich nicht gerne gesehene) NATO-Erweiterung, weil Österreich ja nicht zum sowjetischen Satellitenbereich gehört hat. Sie brächte den Ländern Ostmitteleuropas jene Rückendeckung der westlichen Allianz, die zugleich potentielle russische Hegemonialabsichten über die Slowakei und Ungarn reduzieren, solche gegenüber Tschechien verunmöglichen und auch die geostrategische Position Polens deutlich verbessern würde.

Ähnliches gilt übrigens auch für Schweden, das im Norden durch seinen NATO-Beitritt für eine Stabilisierung der Situation sorgen könnte.

Vorteile einer Mitgliedschaft in westlichen Bündnissen

Aus einer Mitgliedschaft Österreichs in den westlichen Bündnissen (WEU und NATO) lassen sich folgende Vorteile feststellen:

- Die Vorteile für Österreich wegen der Sicherheit durch das Bündnis. Als NATO-Mitglied wäre Österreich in allen heute vorstellbaren künftigen Szenarien nicht nur praktisch unangreifbar sondern auch politisch nicht erpreßbar.
- Die Vorteile für die WEU bzw. für die NATO wegen ihrer geographischen Abrundung und der besseren Wirkungsmöglichkeiten in Richtung Ost- und Südosteuropa bei Einschluß österreichischen Territoriums.
- Die Vorteile für die östlichen Anrainer Österreichs, die durch Österreichs Mitgliedschaft der künftigen russischen Einflußzone stärker entzogen wären, was zugleich auch

wiederum einen zusätzlicher Sicherheitspolster für Österreich bedeutete.

Es gilt nun, möglichst rasch zu einem nationalen Konsens über Österreichs strategische Zielsetzung zur Wahrnehmung seiner sicherheitspolitischen Interessen zu kommen. Das erfordert offene Diskussion aller relevanten politischen Kräfte unter Benützung der wissenschaftlich-sicherheitspolitischen Ressourcen des Landes – ohne ideologische Scheuklappen.

Wenn die Zeit weiterhin ungenützt – oder zumindest schlecht genützt – verstreicht, läuft das Land Gefahr, den durch die Veränderung der politischen Großwetterlage in Europa seit 1989 gewonnenen Handlungsspielraum für eigenständige Entscheidungen wieder zu verlieren und eines Tages mit vollendeten Tatsachen konfrontiert zu sein, die nicht so sehr der eigenen Interessenslage entsprechen.

Abschließend sei festgehalten: Im Hinblick auf die veränderte Bedrohungssituation, die augenblicklich nicht mehr in der direkten militärischen Bedrohung unseres Landes besteht, sondern Beiträge zur Förderung der regionalen Stabilität verlangt, ist die Konzentration der Ressourcen auf nationale Sicherheitsvorsorge unproduktiv. Österreichs Ressourcen müssen in den europäischen Rahmen eingeplant werden bzw. müssen z. B. die militärischen Strukturen bereits vorbauend auf die Kooperation im Rahmen der westlichen Organisationen EU, WEU und NATO abgestimmt werden. Auf Grund der speziellen geographischen Situation Österreichs ist die Beibehaltung des Neutralitätsstatus (der an der vollen Integration hindert) ein wesentlicher Faktor zur Verhinderung bzw. zumindest Verzögerung einer erhöhten Stabilität in Mittel- und Südosteuropa, was wiederum negative Rückwirkungen auf die sicherheitspolitische Situation Österreichs selbst haben kann. Man sollte zur Kenntnis nehmen, daß angesichts der neuen Szenarien Aufwendungen, die nur der Vorsorge für die nationale Verteidigung und Sicherheitspolitik dienen, zunehmend eine Ressourcenvergeudung darstellen.

Wie man nach Öffnung östlicher Archive heute weiß

Wer da aber meint, eine positive Entwicklung der Situation im ehemaligen Osteuropa sei fraglich und für den Fall der Wiederkehr der alten Ost-West-Konfrontation solle man wieder auf die „bewährte" Neutralität setzen, so mögen diese bedenken, daß man nach der Öffnung mancher östlicher Archive heute weiß, daß die Operationspläne der Warschauer Paktstaaten Österreichs Neutralität – politischer und militärischer Logik folgend – selbstverständlich nicht respektiert hätten. Österreich wäre im Falle des „Dritten Weltkrieges" sehr wohl militärischen Angriffen des Warschauer Paktes ausgesetzt gewesen, ohne auf ausreichenden militärischen Schutz durch die NATO rechnen zu können. Kriegsgebiet und Operationsgebiet wäre es aber natürlich für beide Mächte geworden, und man kann nicht ausschließen, daß es zum Zwecke der Verzögerung sowjetischer Bewegungen durch das militärisch nur sehr schwach verteidigte Österreich seitens der NATO zu einem begrenzten Einsatz von Atomwaffen auf unserem Territorium gekommen wäre.

Die Neutralität hat nur ein subjektives Gefühl von Sicherheit vermittelt, tatsächlich hätte sie aber keinen Schutz im Ernstfall bewirkt.

1. Der Ausgangspunkt sicherheitspolitischer Diskussion in Österreich

Scheinbar besteht ein Dilemma für Österreichs Sicherheitspolitik: Nachdem die alte sicherheitspolitische Ordnung Europas zerfallen ist, zeichnet sich eine neue noch nicht definitiv ab. Österreich müsse also zuwarten und sich bis dahin, bis sich nämlich ein neues europäisches Sicherheitssystem entwickelt habe, bedeckt halten (= neutral bleiben). Diese – permanent vorhandene – Auffassung gewann nach dem Ausscheiden von Außenminister Mock aus der Bundesregierung im Frühjahr 1995 zunehmend an Bedeutung.

Warten auf „etwas Neues"

Da die Vision eines gesamteuropäischen Systems kollektiver Sicherheit auch von seinen Verfechtern als noch nicht so bald realisierbar erachtet wird und somit keine Lösung der heutigen Konflikte und Probleme darstellen kann, wurde in der Diskussion ein integriertes System kooperativer Sicherheit für ganz Europa als Übergangssystem vorgeschlagen: So zum Beispiel von einer im Rahmen des Österreichischen Studienzentrums für Frieden und Konfliktlösung (ÖSFK) im Auftrag des Bundeskanzleramtes erstellten und von der damaligen Staatssekretärin im BKA, Brigitte Ederer, präsentierten Studie mit dem Titel *„Sicherheit in Europa", Stadtschlaining 1995*. In dieser Studie wird ein Modell kooperativer Sicherheit mit dem Gedanken der Konfliktprävention und dem Verzicht auf Anwendung militärischer Gewalt verbunden: Ein sich immer mehr integrierendes kooperatives Sicherheitssystem könnte sich in Richtung kollektive Sicherheit entwickeln. Für die Entwicklung eines solchen Systems stellt die Neutralität kein (ernsthaftes) Hindernis dar; das wäre sie lediglich für den Beitritt zur Westeuropäischen Union (WEU) oder zur NATO. Für letzteres gebe es aber ohnedies im Hinblick auf die derzeitige geringe militärische Bedrohung keine sicherheitspolitischen Gründe. Ein Bündnisbeitritt würde nicht die Sicherheit erhöhen, sondern könne nur zur Verwicklung in militärische Interventionen der Bündnisse führen. Österreich solle also seine militärische Neutralität beibehalten, bis sich die eher unwahrscheinlichen EU-Integrationsziele einer gemeinsamen Verteidigungspolitik und gemeinsamen Verteidigung realisiert haben. Gegenüber militärischen Interventionen „out of area“ (der EU) aber sollte Österreich jedenfalls neutral sein. Neutralität hat sogar wieder Sinn! Wir wissen, gegen wen wir neutral sein sollen: Gegen Ordnungsaufgaben der westeuropäischen Systeme zur Erhaltung europäischer Stabilität, meint diese Studie des Studienzentrums für Frieden und Konfliktlösung.

Diese Auffassung verkennt freilich, daß es mit der NATO und der WEU sicherheitspolitisch relevante Bündnisse gibt und es derzeit Österreich niemand verwehren könnte, sich aus der ehemaligen Mittellage zwischen Ost und West völlig in den Westen zu integrieren und dadurch seine Sicherheit entscheidend zu erhöhen, anstatt in „demütiger“ Neutralität auch künftighin die Bestimmung über sein Schicksal der Willkür anderer Mächte zu überlassen.

Die aktuelle Krise der NATO – weil sie das Feindbild verloren hat und die Frage der Erweiterung strittig ist – und die Fraglichkeit der Weiterentwicklung der WEU zu einem effizienten Militärbündnis rechtfertigen es aber nicht, den Fragen des NATO- und WEU-Beitrittes auszuweichen, denn die „Krise“ ändert nichts daran, daß es die Bündnisse gibt und daß nun die Zeit der Neuorientierung und der Neuordnung ist. Die Frage des NATO-Beitrittes darf nicht mit kunstvoller Argumentation beiseite gedrängt werden, indem suggeriert wird, man warte auf „etwas Neues, nicht auf das alte Auslaufprodukt des Kalten Krieges (= NATO)“.

Der – zumindest bislang – erfolgreiche Einsatz der NATO in Bosnien (IFOR, Implementation Force) mit Beteiligung von Truppen aus Nicht-NATO-Ländern hat einen gewissen Meinungsumschwung bewirkt. Vielen ist nun bewußt gewordendaß man Gewalt nur mit Gegengewalt erfolgreich bekämpfen kann; und wenn das in Europa jemand kann, dann eben nur die NATO (oder Rußland). Das hat realpolitisch orientierte Kreise in Österreich jetzt doch dazu bewogen, die Frage nach einem NATO-Beitritt – zumindest als mittelfristige Perspektive – in die Diskussion zu bringen. So ist mit Sommerbeginn 1996, nach engagierten Vorstößen des Außenministers und des Verteidigungsministers, der NATO-Beitritt doch noch zu einem Thema der österreichischen Politik geworden. Aber immer noch wehren sich machtvolle Bereiche der österreichischen Politik nicht nur gegen den Beitritt sondern halten sogar die Diskussion darüber für überflüssig. Der Vollständigkeit halber ist anzumerken, daß das Thema NATO-Beitritt schon vor Jahren von den Freiheitlichen forciert wurde; der Beitrittsgedanke fand auch im Liberalen Forum und seitens einzelner Politiker der ÖVP ein gewisses Maß an Unterstützung, wogegen dieser Gedanke von der SPÖ bis zum Zeitpunkt der vorsichtig-vagen Ausführung des Spitzenkandidaten für die EU-Parlamentswahl, Hannes Swoboda beziehungsweise bis zum Vorstoß des Abgeordneten Josef Cap im Sommer 1996, nicht nur glattweg abgelehnt wurde sondern auch kein Diskussionsgegenstand war. Unübertroffen in ihrer negativen Haltung gegenüber der NATO waren und sind die Grünen.

Ein kleiner Hoffnungsschimmer hat sich nun doch nach der Neubildung der österreichischen Bundesregierung, Anfang 1996, aufgetan; das Regierungsübereinkommen sieht vor, daß immerhin auch über die sicherheitspolitische Option des Beitrittes zur WEU nachgedacht werden darf.

Statt Illusionen jetzt die realen Möglichkeiten nutzen

Österreichs Politik täte gut daran, Visionen und Wunschkataloge an die ferne Zukunft von kurzfristigen Maßnahmen der sicherheitspolitischen Orientierung zu unterscheiden. Der NATO-Beitritt wäre jetzt eine realisierbare Angelegenheit und brächte berechenbare Konsequenzen. Österreichs Engagement für kooperative und kollektive Sicherheitssysteme für Gesamteuropa ist hinsichtlich der Ergebnisse unberechenbar sowohl, was das Gesamtergebnis als auch, was den Nutzwert für Österreich selbst betrifft; dabei ist aber auch zu bedenken, daß Österreich aufgrund seiner Größe und seiner militärischen Ressourcen kein bedeutender Akteur in den internationalen Beziehungen sein kann. Österreich kann nicht die internationale Situation ordnen und neue Sicherheitssysteme installieren; aber es kann – jedenfalls derzeit – selbständig über seinen Status entscheiden und es könnte die Geographie des Landes politisch ins Spiel bringen. Diese Überlegung soll nicht daran hindern, beim Aufbau eines kollektiven Sicherheitssystems nach Möglichkeit mitzuwirken. Aber das darf nicht so weit gehen, reale Möglichkeiten zugunsten von Illusionen zu verdrängen, weil z.B. die NATO-

Erweiterung der Vision eines gesamteuropäischen Systems kollektiver Sicherheit abträglich sein könnte.

Die umfassende Sicherheitsproblematik Europas, gekennzeichnet durch die Unwägbarkeiten der europäischen Entwicklung bei offenen und latenten (und sich anreichernden) Konfliktpotentialen, erfordert auch eine umfassende Sicherheitspolitik. Das offizielle Österreich ist derzeit aber nicht zu einer eindeutigen Orientierung bereit. Das bislang vorherrschende Motto: „Keine Beschlüsse auf Vorrat; Abwarten und Anschauen“ widerspricht jedenfalls jenen Axiomen sicherheitspolitischen Denkens, wonach es Aufgabe der nationalen Sicherheitspolitik ist, erfaßbare oder erwartbare Gefahren zu beseitigen bzw. zu reduzieren, anstatt lediglich Angst und Sorge vor möglichen Gefahren zu zerstreuen; es leistet der Unberechenbarkeit der Entwicklung der europäischen „Sicherheitsarchitektur“ Vorschub.

Freilich wissen wir nicht, wie die Gesamtsituation Europas morgen und übermorgen aussehen wird. Entschieden wird die weitere Entwicklung Europas jedenfalls primär durch zwei Faktoren. Erstens durch die Art der Entwicklung Rußlands und zweitens durch die Verfestigung bzw. die Ausdehnung der EU und deren Beziehung zur NATO. Die Situation Europas – um es nochmals festzuhalten – wird aber nicht entschieden durch die Präsentation österreichischer Visionen über ein künftiges gesamteuropäisches Sicherheitssystem.

Ein kleines Land wie Österreich muß zwar versuchen, alle Entwicklungsmöglichkeiten zu erfassen und eine Vielzahl möglicher Szenarien in Betrachtung zu ziehen; es sollte daraus aber seinerseits eine klare Strategie zur Wahrung der eigenen Sicherheit entwickeln, die Optionen gegenüber den bedrohlichsten (unter den für möglich zu erachtenden) Szenarien eröffnet und entsprechende Vorkehrungen vorschlägt. Allzu sophistische Strategieplanungen und komplizierte Konzeptionen werden nämlich spekulativ und – im Bereiche von Wunschvorstellungen und übertriebenen Erwartungshaltungen – sinnlos, oft sogar kontraproduktiv im Sinne von Sicherheitspolitik, sein.

Wenn die Zeit weiterhin ungenützt (oder zumindest nicht gut genug genützt) für die konkrete sicherheitspolitische Positionierung Österreichs verstreicht, läuft das Land Gefahr, die reellen Möglichkeiten der Entwicklung einer sicherheitspolitischen Strategie noch weiter zu reduzieren oder gar zu versäumen.

2. Taktische Erwägungen zur österreichischen Sicherheitspolitik

Österreich hat sich in der sicherheitspolitischen Diskussion selbst in eine Sackgasse hineinmanövriert. Die herrschende Politik hat zwar eine öffentliche Debatte über den EU-Beitritt zugelassen (was im Hinblick auf das Erfordernis einer Volksabstimmung ja unumgänglich war), sie hat aber eine umfassende Neutralitätsdiskussion zu vermeiden und sogar zu unterdrücken versucht. Dabei hätte sich die Neutralitätsdebatte, die nur von einigen engagierten Vordenkern fallweise zum Vorschein gebracht werden konnte, seit 1989 als logische Aufgabe für alle verantwortlichen politischen Kräfte angeboten, mußte es doch jedem klar sein, daß der auf die Ära der Ost-West-Konfrontation maßgeschneiderte Status der Neutralität Österreichs mit den großen Veränderungen in Europa und in der Welt, mit dem Zusammenbruch der Sowjetunion und der Auflösung des Warschauer Paktes, seine Funktion der Behauptung der (relativen) Unabhängigkeit verloren hat.

Für eine Neuorientierung ist der formale völkerrechtliche Status der Neutralität eine Fesselung, weshalb in einer Zeit, in der niemand Österreich machtpolitisch daran hindern kann bzw. will, beendet gehörte. Neben der völkerrechtlichen Beschränkung durch die Neutralität gibt es aber auch eine „politische Fesselung“ durch das österreichische Neutralitätsdenken, durch jene Mentalität, die als Wirkung des (zwar ahistorischen, trotzdem aber geglaubten) Staatspredigens allmählich entstand, daß die Neutralität Österreichs Identitätsstifterin sei, daß der Erfolgsweg Österreichs mit der Neutralität verknüpft wäre und sich die Neutralität bewährt habe (wobei letzteres angesichts der geradezu straffälligen

Vernachlässigung der Landesverteidigung durch alle bisherigen Regierungen eine wahrlich obskure Meinung ist).

Es wird im nächsten Kapitel noch auf die generelle sicherheitspolitische Funktion der Neutralität eingegangen; hier soll vorerst nur darauf verwiesen werden, daß in sicherheitspolitischen Analysen der sicherheitspolitische Wert der Neutralität bereits seit mehreren Jahren entweder minimiert oder gar auf Null gesetzt wird. Auch in Teilen der politischen Eliten wird die Funktionslosigkeit der Neutralität offen zugegeben, großteils allerdings nur hinter vorgehaltener Hand. *(So schrieb beispielsweise Andreas Unterberger bereits 1991: „Seit Monaten ist der Berichterstatter keinem einzigen hauptberuflichen Außenpolitiker mehr begegnet, der (bei privaten Gesprächen) noch einen Sinn in der bisher praktizierten Neutralität sehen kann", in: Die Presse vom 20.11.1991.)*

Was macht ein Neutraler im Militärbündnis WEU?

Nur eine kleine Minderheit der politischen Eliten glaubt noch an den internationalen Sinn der Neutralität. In der politischen Debatte wird der Begriff Neutralität undifferenziert erörtert: Innerösterreichisches Neutralitätsverständnis und völkerrechtlicher Neutralitätsstatus sind bislang unentwirrbar miteinander verknüpft und die politischen Eliten machen – überwiegend – keine Anstrengungen, um das zu entwirren bzw. der Realität Anerkennung zu verschaffen, daß uns nicht unsere Neutralität in der Zeit der Ost-West-Konfrontation den entscheidenden Schutz vor der Eingliederung ins östliche Imperium gab, sondern die Abschreckungsfähigkeit der NATO.

Weil es eben schwierig ist und undankbar, komplexe Probleme zu artikulieren, entziehen sich die der Tagespolitik verhafteten Politiker dieser Aufgabe in der Regel. Noch dazu, wenn man an der – wenngleich schimärenhaften – „Staatsideologie“ Neutralität rütteln muß. Wie die langjährige schmerzliche Erfahrung lehrt, ist die Zielsetzung der politischen Eliten – von wohltuenden Ausnahmen abgesehen – primär die parteiinterne Durchsetzung, der Aufstieg und die Wiederwahl und erst sekundär das allgemeine Staatswohl. Die Neutralitätsdebatte blieb somit ein Außenseiterthema.

Das Dilemma, in das uns die offizielle Politik des Landes hineinschlittern ließ, bestand darin, die EU-Debatte von der Neutralität völlig getrennt und damit den (Irr-)Glauben geschaffen zu haben, daß nicht nur der EU-Beitritt, sondern auch die Mitwirkung an der weiteren europäischen Integration, einschließlich der Mitwirkung an einem europäischen Sicherheitssystem, relativ problemlos mit der Neutralität vereinbar sei. Um diesen Anschein glaubhaft zu machen, wurde und wird eifrig von der Phantasmagorie eines neuen (kollektiven) gesamteuropäischen Sicherheitssystems dahergeredet, wie von einer neuen Qualität internationaler Ordnung, die eben ganz anders sei als bisherige Sicherheitssysteme wie NATO und WEU. Die Weiterentwicklung der EU wird dabei in spekulativer Weise mit gesamteuropäischen Perspektiven vermengt, so, als ob aus der EU alsbald ein vereintes Gesamteuropa erwüchse. Denn so etwas Neues und Anderes müßte es sein, wenn es mit der Neutralität vereinbar sein soll.

Dieses Neue und Andere wird es aber auf absehbare Zeit nicht geben. Durch die widersprüchlichen Positionen und die bereits geschaffenen Zustände wird die Diskussion über die österreichische und die europäische Sicherheitspolitik unübersichtlich und für den Normalverbraucher nicht mehr verständlich. Anstatt klare Alternativen zu haben und deren Bedeutung, die Vor- und Nachteile abwägen und verstehen zu können (z. B. der WEU- und/oder NATO-Mitgliedschaft), hat der Bürger heute mit einer Begriffsverwirrung hinsichtlich Neutralität und europäischer Sicherheit zu kämpfen, die ihn überfordert.

Was macht ein Neutraler im Militärbündnis WEU? Für Österreichs Sicherheit wäre die WEU-Mitgliedschaft Österreichs zwar sinnvoll und zielführend, aber es ist auch ein Paradebeispiel dafür, wie man gegen den Sinn der Neutralität verstoßen kann. Und ein Neutraler, der an der Gemeinsamen Außen- und Sicherheitspolitik der EU (GASP) mitmacht, ist eben kein Neutraler mehr. Aber Österreich ist das alles in einem, ein Phänomen der Multifunktionalität: Aufrechte Neutralität mit Beobachterstatus in einem Militärbündnis (WEU) und klarer Parteinahme für und gegen Kriegführende am Balkan, sowie der Teilnahme an der GASP eines politischen Blocks. Und obwohl die Neutralität nicht zur Disposition steht, wird die Option zur Vollmitgliedschaft in einem Militärbündnis ebenso offen gehalten, wie die spätere Teilnahme an einer gemeinsamen Verteidigungspolitik der EU.

Da kann sich niemand mehr auskennen, und darin besteht das tatsächliche Dilemma der sicherheitspolitischen Diskussion in Österreich: Sie scheint als tiefgreifende, ehrliche Diskussion mit einer breiten Anteilnahme der Bevölkerung über Österreichs Staatszielsetzung derzeit kaum noch möglich. Es bedürfte, um sie führen zu können, eines Insichgehens der politischen Klasse mit dem Ziel, die sicherheitspolitischen Fragen endlich ernst zu nehmen. In diesem Sinne erscheinen alle Mittel zielführend, die diesem Prozeß förderlich sein können.

Die jüngste Entwicklung brachte zumindest eine Zunahme der Intensität der sicherheitspolitischen Debatte. Immerhin enthält die Koalitionsvereinbarung von Anfang 1996 die Aussage, daß alle sicherheitspolitischen Optionen einschließlich Beitritt zur WEU zu prüfen seien. Aber nach wie vor gibt es – von einzelnen Ausnahmen abgesehen – wenig Bereitschaft, klare Standpunkte einzunehmen, kein eindeutiges Ja oder Nein zum NATO-Beitritt, sondern diffus vermischte Stellungnahmen mit ja – aber, nein – es sei denn, ja – aber nicht heute, wer weiß – vielleicht in einigen Jahren und ähnlichem verbrämt. Und immer wieder wird die Widersinnigkeit versucht, die Vereinbarkeit von Schritten in eine Militärallianz mit der Neutralität zu behaupten, um nur ja der Entscheidung auszuweichen: Neutralität oder NATO.

In Österreich wurde und wird mit geradezu dogmatischem Eifer die Neutralität als die optimale Sicherheitspolitik dargestellt, ja sogar die Aufrechterhaltung der immerwährenden Neutralität als Ziel der österreichischen Sicherheitspolitik deklariert. Tatsächlich aber ist die Auffassung, daß der Status der Neutralität bzw. das Führen einer Neutralitätspolitik an sich schon eine gute Sicherheitspolitik sei, eine grobe Vereinfachung.

Wir müssen daher die Frage stellen und beantworten: Was kann die Neutralität sicherheitspolitisch bewirken?

3. Substanz und Wert der österreichischen Neutralität

Dauernde Neutralität (wir nennen sie immerwährend) besagt, sich an künftigen Kriegen nicht beteiligen zu *wollen*. Das ist die eine Seite; die andere Seite ist durch die Absicht bzw. die Interessen der Kriegführenden gegeben. Die Absicht des Neutralen, sich nicht in Kriege involvieren zu lassen, gewährleistet aber noch keinesfalls das Heraußenbleiben. Die Geschichte der Neutralen zeigt, daß dies in erster Linie von den Interessen der Kriegführenden abhängt, also davon, ob sie das Territorium der Neutralen brauchen, oder ob sie, wenn sie das Territorium selbst nicht benötigen, befürchten, daß es der Gegner brauchen könnte und man diesem zuvorkommen sollte. Die Geschichte hat auch gezeigt, daß es schon genügen kann, am Weg zu einem interessanten Territorium zu liegen (wie z. B. Dänemark hinsichtlich Norwegens Erzausfuhrhafen Narvik im Zweiten Weltkrieg); desgleichen kann es ausreichen, eine zusätzliche Operationsmöglichkeit gegen den eigentlichen Gegner zu bieten (wie z B. Belgien in beiden Weltkriegen und die Niederlande im Zweiten Weltkrieg), um die Neutralität zu wertlosem Papier zu degradieren.

Eine erfolgreiche Neutralitätspolitik im Sinne von Sicherheitspolitik ist daher erst dann wahrscheinlich, wenn sie mit entsprechenden militärischen Anstrengungen gekoppelt wird. Die Interessensabwägung der Kriegführenden soll zum Ergebnis kommen, daß der Besitz des neutralen Territoriums angesichts der dafür erforderlichen militärischen Anstrengungen nicht dafür steht. Das gibt dann auch noch keine Garantie, aber es gibt eine Chance, sich aus einem Krieg heraushalten zu können.

Der Erfolg einer Neutralitätspolitik als Sicherheitspolitik hängt schließlich ganz entschieden auch von den Erwartungshaltungen *anderer* ab. Die Beurteilung einer zielgerichteten Neutralitätspolitik kann daher nicht aus innenpolitischen Überlegungen heraus erfolgen. Es ist nicht wesentlich, ob der Neutrale meint, daß seine Neutralitätspolitik gut und zielführend ist. Vielmehr gilt es zu erfassen, was die Kriegführenden vom Neutralen erwarten, damit sie dessen Neutralität respektieren, und, ob die Kriegsparteien auch von ihrer jeweiligen Gegenseite die Beachtung der Neutralität erwarten können. Da die Erwartungshaltungen potentieller Kriegführender aber nicht immer übereinstimmen müssen, ist stets ungewiß, ob man die Erwartungshaltungen aller Kriegführenden erfüllen kann. Das kann gut gehen, muß es aber nicht. Man sieht daraus jedenfalls die Schwierigkeit der Berechenbarkeit einer Neutralitätspolitik als erfolgreiche Sicherheitspolitik.

Wenn keiner der Kriegführenden Interesse am Territorium des Neutralen hat, und beide zur Einschätzung gelangen, daß auch die andere Kriegspartei kein Interesse daran hat, und, wenn der Neutrale die Erwartungshaltungen (z.B.Warenlieferungen, Transit) beider Seiten erfüllt, ohne daß sich diese gegenseitig zu sehr spießen, dann hat der Neutrale Chancen, auch ohne eigene starke militärische Kräfte aus dem Krieg heraußen zu bleiben. In diesem Fall bleibt aber noch die Möglichkeit, daß er, wenn es sehr leicht geht, schon während des Krieges, ansonsten nachher, so nebenbei kassiert wird, so nach dem Motto „Was man hat, das hat man".

Es bedarf keiner großen Denkleistung, um aussagen zu können, daß die österreichische Neutralitätspolitik in der Zeit des Kalten Krieges schon von der Theorie her nur unter

Glücksfallsituationen erfolgreich hätte sein können, waren doch die militärischen Vorkehrungen angesichts der damaligen geostrategischen Situation und der exponierten Lage des Landes völlig unzureichend, was im Folgenden anhand objektiver Kriterien dargelegt werden soll.

In Zentral- und Aufmarschzonen eingebettet

In den Verhandlungen über konventionelle Streitkräfte (VKSE) von NATO und Warschauer Pakt wurden 1990 am Ende des Kalten Krieges zur Verringerung der konventionellen Rüstung in Europa Zonen erörtert und festgelegt, in welchen – neben einer generellen Begrenzung von Waffen in Europa – jeweils nur ein begrenztes Waffenarsenal bzw. Truppenstationierungen vorhanden sein dürfen, um einen Überraschungsangriff auszuschalten. Diese Zonen sind als Zentralzone, Aufmarschzonen (hinter diesen), rückwärtige Zonen und Flanken anzusehen Daraus kann man sehr leicht den „Brennpunkt" ersehen (siehe Skizze), den die Konfrontation zwischen den Militärallianzen gehabt hätte.

Zentralzonen waren im Westen beide Deutschland und die Beneluxländer; im Osten Polen, CSFR und Ungarn. Aufmarschzonen sind bzw. waren im Westen Großbritannien, Frankreich und Italien; im Osten die baltischen Staaten, Weißrußland und die ukrainischen Militärbezirke Karpaten und Kiew.

Die geographische Betrachtung zeigt, daß Österreich voll in die Zentral- und Aufmarschzonen eingebettet ist. Diese laufen geradezu auf einen Kern nordöstlich von Österreich zu und involvieren österreichisches Territorium vollständig in das potentielle Auseinandersetzungsgebiet und weitgehend

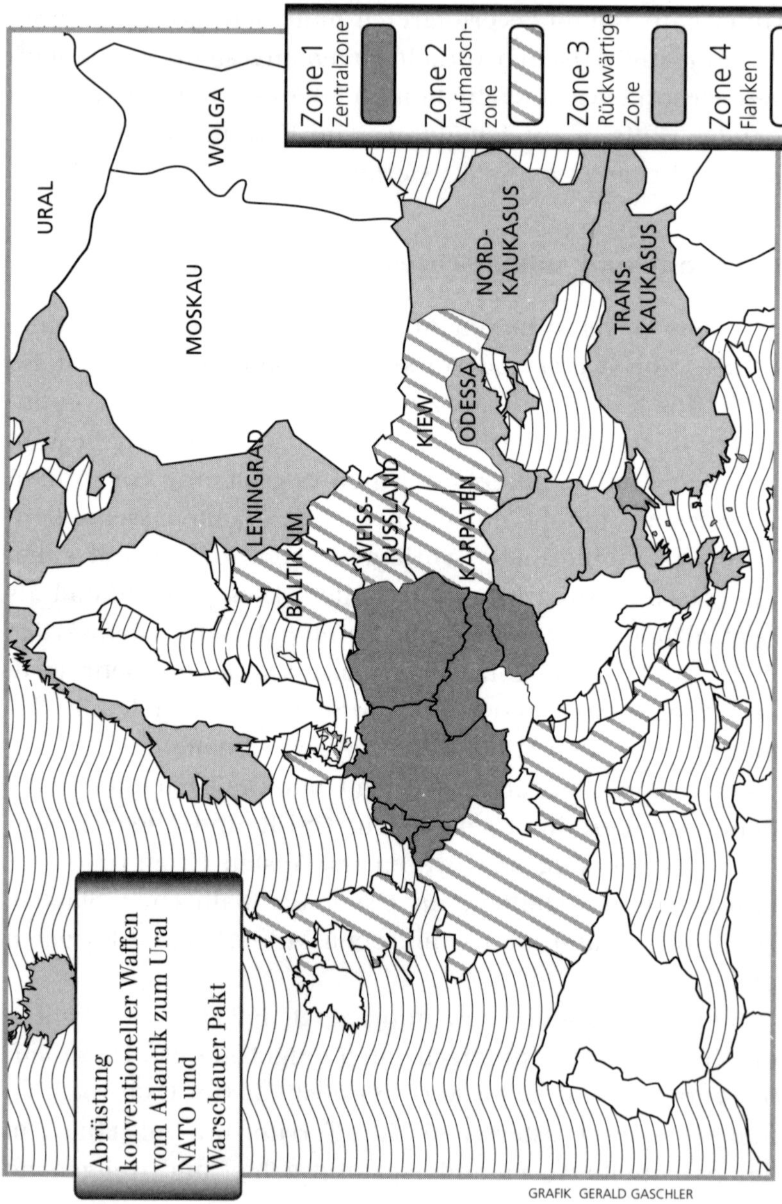

GRAFIK GERALD GASCHLER

(Darstellung in Anlehnung an Die Zeit, Nr 48, 23.11.1990)

in den Bereich der ersten Konfrontationslinie. Insbesondere wäre Österreich die geographische Abrundung der beiderseitigen Zentralzonen und würde nicht nur ca. 8% des Territoriums der Zentralzone ausmachen, sondern hinsichtlich des vorderen Bereiches in den Zentralzonen (mit den Gebieten von Oberösterreich, Niederösterreich, Burgenland und einem Teil der Steiermark, etwa 40.000 km^2) sogar 13 bis 16% des vorderen Bereiches der Zentralzone (also des primären Konfliktbereiches von etwa 250.000 bis 300.000 km^2 – beide Deutschland, CSFR, Österreich und kleine Teile Ungarns, allenfalls kleine Teile Polens).

Österreichische Territorien hätten somit seinerzeit ein Achtel bis ein Sechstel der ersten Konfrontationslinie der hochgerüsteten Militärallianzen ausgemacht.

Daraus läßt sich erahnen, wie groß das österreichische Militärpotential (und der Verteidigungswille) hätte sein müssen, um eine erfolgreiche „Abhaltestrategie" im Sinne eines Heraushaltens aus dem Krieg der Militärpakte zu realisieren. Die Konzeption unseres Landesverteidigungsplans sah zur Berechnung des „Eintritts-, Aufenthalts- und Durchmarschpreises" eine Einsatzdoktrin der Raumverteidigung vor, wobei unter Vermeidung der großen Schlacht (fast) das gesamte Bundesgebiet mit unterschiedlicher Dichte personell und materiell bewaffnet und nach verschiedenen Kampfverfahren in unterschiedlicher Weise verteidigt werden sollte. Dieses Konzept sah eine *Untergrenze* personeller und materieller Ausstattung vor, ab der die Sache erfolgreich sein könnte. Obwohl diese Untergrenze aus politischer Rücksichtnahme bereits unrealistisch tief angesetzt war (Mobilmachungsstärke 300.000 Mann gegenüber Größenordnungen von 620.000 bis 800.000 Mann der anderen vergleichbaren neutralen Länder Schweiz, Schweden und Finnland), wurde sie nie erreicht.

Am Höchststand der Bundesheerentwicklung 1986 wurde die Untergrenze zu ca. zwei Drittel in personeller und etwa zur Hälfte in materieller Hinsicht erreicht und letztlich auch gar nicht mehr ernsthaft angestrebt. (Für letztere Behauptung sind die Landesverteidigungsbudgets ab 1987 unwiderlegbare Zeugnisse.) Durch den Mangel an schweren Waffen waren aber weite Teile bereits aufgestellter Verbände nicht oder nicht voll einsatzfähig. Dazu kam das Fehlen weitreichender Panzerabwehrwaffen, weil dem Bundesheer Lenkwaffen durch den Staatsvertrag vorenthalten waren. Das Fehlen einer Luftwaffe und einer ausreichenden Fliegerabwehr (Boden-Luft-Raketen) hätte schließlich als zwingende Folgen

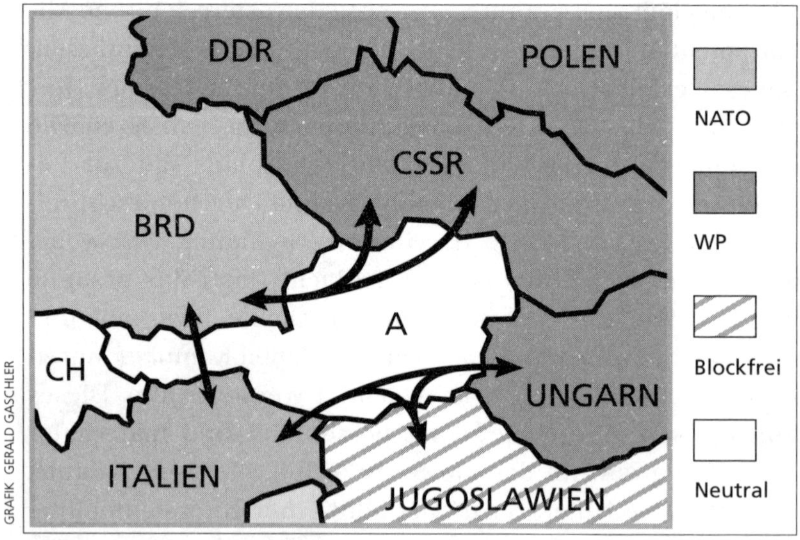

Österreich als Durchmarschland

Verteidigungsfall – Offizielle österreichische Version

große Verluste in der Verteidigung bei Luftangriffen sowie überhaupt die weitgehende Unbeweglichkeit (und damit die Nichteinsetzbarkeit in der vorgesehenen Weise) der mobilen Kräfte des Bundesheeres nach sich gezogen.

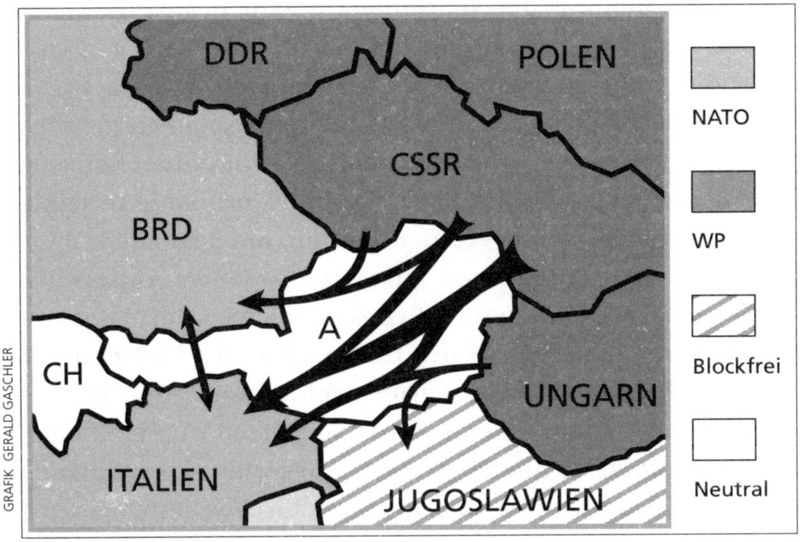

Österreich als Durchmarschland
Verteidigungsfall – Realistische Version des Autors

Muß man bei diesen Fakten eigentlich noch weiter argumentieren, daß unsere neutralitätsorientierte Verteidigungskonzeption mangels militärischer Fähigkeit nicht gewirkt hätte?! Der Eintritts-, Aufenthalts- und Durchmarschpreis wäre wohl beiden Seiten angesichts dieser Fakten nicht zu hoch gewesen – allen freundlichen bis einlullenden Beteuerungen von NATO- oder Warschauer Pakt-Generälen zum Trotz. In der Tat zeigen nämlich viele Skizzen operativer Planungen (aus dem Bereich beider Militärpakte) Angriffspfeile über österreichisches Territorium hinweg. Nach der Öffnung mehrerer Archive ehemaliger Warschauer Pakt-Mitglieder haben wir heute Gewißheit darüber, was Strategen schon damals mutmaßten:

Nämlich, daß uns die Neutralität im Falle des Falles keine Stunde vor dem Krieg bewahrt hätte.

Auf die mehr sophistischen Überlegungen, warum sogar bei Erreichung der vom Landesverteidigungsplan vorgesehenen Untergrenze der Erfolg der neutralitätsbasierten Konzeption fraglich war (wie z.B. das Erfordernis primärer Verteidigungsanstrengungen gegen den Westen, um gegenüber dem Osten glaubwürdig zu sein; ausrüstungsmäßige Anpassung an die NATO wegen Ansschlußversorgung nach Involvierung in den Krieg; Erfordernis der Übernahme des Luftschutzes durch die „andere" Kriegspartei nach Involvierung in den Krieg), muß hier gar nicht näher eingegangen werden. Ebenso ist es müßig, im Rückblick das Erfordernis einer hinlänglichen Entschlossenheit einer österreichischen Bundesregierung hinsichtlich der Vorbereitung auf den Kampf durch sofortige Mobilmachung und unverzügliche Aufnahme des Kampfes näher zu beleuchten.

Zum Glück ist uns in der Phase des Kalten Krieges nichts passiert, der Krieg fand gottseidank nicht statt. Den Erfolg dafür heimst in der Volksmeinung die Neutralität ein. Daß es tatsächlich die von der NATO ausgehende indirekte Schutzwirkung war sowie die „Stabilität des Schreckens" der Atommächte in Europa, die den Krieg hintanhielt und uns die Bewährungsprobe der Abhaltestrategie ersparte, wird da weniger beachtet.

4. Ideologie oder Sicherheitspolitik

Der Zugang zu den Problemen europäischer und österreichischer Sicherheitspolitik ist in der österreichischen Diskussion durchaus nicht immer realitätsbezogen, sondern immer wieder ideologisch verbrämt. So geht z. B. die bereits erwähnte vom Bundeskanzleramt in Auftrag gegebene Studie „Sicherheit in Europa", des Studienzentrums für Frieden und Konfliktforschung davon aus, daß die Weichenstellungen *entweder* in Richtung Ausbau der „zivilen" Rolle der EU weisen (was den friedenspolitischen Chancen in Europa nach dem Umbruch nach 1989 entspräche) oder in Richtung eines Umbaues der EU zu einer Militär- und Bündnismacht (mit der Möglichkeit für eigenständige militärische Interventionen außerhalb des EU-Gebietes) gehen. Die *entscheidende* Frage sei, ob sich die EU auf defensive Verteidigung und „Friedenseinsätze" *oder* auf militärische Einsätze außerhalb des EU-Territoriums vorbereiten wolle. Erst nach dem Entscheid über diese Weichenstellung könne geklärt werden, welche Rolle Österreich spielt und „welche Funktion die österreichische Neutralität beim Aufbau einer europäischen Sicherheitsarchitektur haben könnte"

Die letztzitierte Erwägung demonstriert die a priori gegebene ideologische Prägung, die offenbar der sicherheitspolitischen Analyse vorgeht: Welche Funktion kann die österreichische Neutralität für eine europäische Sicherheitsarchitektur haben? Nicht etwa umgekehrt: Welche europäische Sicherheitsarchitektur brächte Europa und Österreich größtmögliche Sicherheit und was könnte Österreich zu einer optimalen Sicherheitsordnung beitragen. Da kann schon der Verdacht aufkommen, daß eine europäische „Sicherheitsarchitektur" angestrebt werden soll, in der die österreichische Neutralität eine möglichst wichtige Rolle spielt. Funktionssuche für die Neutralität könnte Vorrang haben vor der Suche nach Sicherheit.

Angesichts der traurigen Wirklichkeit kriegerischer Aktivitäten

Freilich hat der Umbruch von 1989 friedenspolitische Chancen gebracht, die zwar einerseits bislang (mangels disziplinierender Wirkungsmöglichkeiten der Großmächte wie vordem) zu einer Vielzahl neuer Konflikte und Kriege geführt haben, jedoch andererseits das Risiko des großen Ost-West-Krieges vorläufig beseitigt haben. Zur Nutzung der friedenspolitischen Chancen durch die Veränderung seit 1989 in Europa sind aber, wenn man sich der traurigen Wirklichkeit der kriegerischen Aktivitäten in Ex-Jugoslawien, in der Republik Moldau und in der Kaukasusregion nicht verschließt, sehr wohl auch ordnungspolitische Maßnahmen zur Lösung der Konflikte nötig, die unter Umständen auch gewaltsam erfolgen müssen. Militärische Einsätze (zur Erzwingung von Frieden und Stabilität) jedoch als eine Alternative zur Wahrnehmung der friedenspolitischen Chancen nach 1989 darzustellen, muß zynisch erscheinen.

Aber es ist wohl so, daß der Eifer zur Rechtfertigung friedenstheoretischer Konzepte die Verweigerung kurz- bis mittelfristiger Maßnahmen militärischen Schutzes (inklusive Bündnispolitik) und militärischer Ordnungs- und Interventionspolitik verlangt, weil diese den langfristigen Entwicklungslinien zu einer größeren Sicherheitsarchitektur eines kollektiven Systems aus der Logik der Theorie heraus abträglich sein können – oder sogar müssen. Politische Entwicklungen vollziehen sich aber regelmäßig nicht in Realisierung wissenschaftlich-theoretischer Reflexion, sondern in der Verfolgung politischer Interessen bzw. der Fügung in politische Zwänge. Dennoch meinen manche Eiferer, bestimmte Entwicklungen „herbeitheoretisieren" zu können. Dem Eiferer geht es nicht um realistische Erkenntnisse, sondern darum, optimale Bedingungen für seine Idee bzw. sein Experiment zu schaffen. Das Experiment als solches rückt in das Zentrum, die Sache – die Zukunft des Landes – an den Rand.

Im Falle des Versagens der gewünschten friedenspolitischen Maßnahmen drohen mangels realpolitischer Vorkehrungen kurz- und mittelfristig Risiken, denen man im Interesse der langfristigen Zielverfolgung ziemlich schutzlos ausgeliefert sein kann. So ist es ein zu gewagtes Unterfangen, Ideallösungen anzustreben (System kollektiver Sicherheit für ganz Europa), deren Verwirklichung unrealistisch ist, und dabei gleichzeitig realisierbare Maßnahmen im engsten Bereich der Sicherheitspolitik zu verhindern. Die Vision vom Frieden sollte nicht die Wirklichkeit des Zusammenlebens der Staaten verdrängen.

Resümierend läßt sich zur sicherheitspolitischen und friedenspolitischen Diskussion auch für Österreich feststellen, was beispielsweise für die großen Verlierermächte des Zweiten Weltkrieges Deutschland und Japan auszumachen ist: Es fehlt ein reales Verständnis für die Bedeutung militärischer Macht in der internationalen Politik. Für das neutrale Österreich gilt es außerdem noch zu registrieren, daß man das Erfordernis der solidarischen Komponenten neuer europäischer Sicherheitspolitik (wie Partnerschaft, kollektive Verteidigung und Verfolgung von europäischen Gesamtinteressen) im Hinblick auf die egoistischen und autistischen Perspektiven der Neutralitätspolitik nur zögernd zur Kenntnis nimmt. Und es gilt natürlich auch für Österreich, was offenbar derzeit für das ganze abendländische Europa gilt, daß man nämlich an die eigenen Werte nicht in dem Maße glaubt, daß man sie international durchsetzen oder notfalls zumindest im eigenen Land verteidigen möchte.

30% (der Bevölkerung insgesamt) würden für Österreich kämpfen, 43% würden nicht kämpfen und 26% waren unentschlossen. Dies ergab eine im Frühjahr 1995 durchgeführte repräsentative Umfrage des „Market Instituts". (DieFragestellung lautete: „Wir hoffen natürlich, daß es nie mehr einen Krieg gibt. Aber wenn es dazu käme, wären Sie bereit für Ihr Land zu kämpfen?")

Der Irrtum, von der „bewährten Neutralität" zu sprechen

Wenn wir an die künftige Sicherheitspolitik denken, sollte man freilich eine realistische und keine verklärte Beurteilung der früheren Politik zur Basis nehmen und deshalb festhalten:

- Die alte Sicherheitspolitik war keine realistische Sicherheitspolitik, sondern eher eine Philosophie; aus den Umständen der Zeit heraus und mangels Alternativen zur Neutralitätspolitik bis 1989 war sie allerdings verständlich.
- Die Neutralität war Basis der seinerzeitigen Sicherheitspolitik. Ein Irrtum wäre es jedoch, die Neutralität als bewährt zu bezeichnen oder – was leider auch fast alle unter den aufgeschlosseneren Politikern tun – die Neutralität als seinerzeit verdienstvoll zu bezeichnen. (Verdienstvoll war der Staatsvertrag, dem wir die Freiheit unseres Landes verdan-

ken; die Neutralität war die Gegenleistung für den Staatsvertrag.)

- Wahr ist vielmehr, daß sich die Neutralität – gottseidank – mangels Krieg nicht bewähren mußte. Wir wissen aber heute, daß uns der damals geplante Krieg, wäre er gekommen, nicht eine Stunde verschont hätte. Es ist nicht auszuschließen, daß Österreich sogar aufgrund seiner Nichtzugehörigkeit zu einem der Militärpakte (= Neutralität) – und somit potentielles Operationsgebiet für beide Seiten! – bevorzugtes Ziel- bzw. Einsatzgebiet taktischer und prästrategischer Atomwaffen in der Anfangseskalation eines großen Krieges gewesen wäre.

Hier sei nochmals betont: Die Neutralität hat uns nicht Sicherheit gebracht, sondern nur ein Gefühl von Sicherheit. Für die Gegenwart und Zukunft stellt sich somit die Kernfrage, ob Österreich weiterhin Sicherheitsphilosophie bzw. Sicherheitsideologie oder ob es Sicherheitspolitik machen soll.

Ein Kleinstaat wie Österreich (mit etwas über 2% der Bevölkerung der EU und etwas über 1% der Bevölkerung Gesamteuropas), der weder über bedeutende strategische Ressourcen (wie z. B. Energievorräte), noch über strategische Waffensysteme verfügt, keine Schlüsselrolle in Zukunftstechnologien spielt und keine großen Land- oder Meeresräume für zukunftsorientierte Bewirtschaftungsmöglichkeiten (an denen andere Länder partizipieren wollen) besitzt, wird die neue globale Ordnung oder auch nur die künftige regionale Ordnung Europas nicht nach seinen Vorstellungen gestalten können. Die Handlungsmöglichkeiten eines Kleinstaates wie Österreich bestehen darin, für eine der sich in der politischen Situation ergebenden Möglichkeiten Partei zu ergreifen und zwar aus einer Interessensabwägung heraus. Diese sollte zweischichtig sein: Einmal die unmittelbar eigenen Interessen wahrzunehmen versuchen und zum anderen zu prüfen, ob durch eine größere Gesamtinteressenssituation die eigene Interessenslage zu modifizieren ist, um auch längerfristig durch Einbindung in einen größeren Interessensbereich die eigene Existenzsicherung zu gewährleisten.

Das strategische Hauptziel Österreich kann nicht mehr in der Bewahrung und Sicherung nationaler Eigenständigkeit liegen, sondern sollte in einem spezifischen Beitrag zur Entwicklung geeigneter Strukturen einer gemeinsamen europäischen Außen- und Sicherheitspolitik (und der vollen Teilnahme an dieser) bestehen.

Praktisch sieht das so aus: Österreich – als exportorientiertes Industrieland (und Fremdenverkehrsland) – muß an einem möglichst großen gemeinsamen Markt, an offenen Grenzen, an der Herrschaft des Völkerrechtes und an der Einhaltung des internationalen Rechtes (insbesondere in den Wirtschafts- und Technologiebeziehungen) interessiert sein. Es muß weiters daran interessiert sein, daß jene Organisationen, die ihrerseits an solchen Zuständen interessiert sind und die diese Zustände fördern, selbst gestärkt werden. Letztlich muß Österreich auch daran interessiert sein, daß diese Organisationen die Macht haben, die Einhaltung des gewünschten Status und des Rechtes durchzusetzen.

Wegen des Umstandes der geographischen Nähe Österreichs zu zwei der drei Räume des ehemaligen Osteuropa, in denen eine Neuordnung der internationalen Machtverhältnisse im Gange ist, bedarf die bisherige vorsichtig-pragmatische Annäherung an die westlichen Militärorganisationen

(WEU-Beobachterstatus, PfP-Teilnahme) einer Beschleunigung. Der für Österreich besonders relevante mitteleuropäische Raum (und insbesondere die Visegradländer) ist der zentrale Bereich, in dem sich in Konkurrenz von Ordnungsvorstellungen Rußlands und den mittel- und osteuropäischen Reformstaaten selbst (mit unterschiedlichem Engagement der USA und der EU) die neue europäische Konstellation entwickelt. Hier wird sich der künftige Stellenwert der NATO in Europa, die Beziehung Westeuropas zu Rußland, der künftige Stellenwert europäischer Probleme für die US-Politik, die EU-Erweiterung und die Entwicklung oder Eindämmung der Renationalisierung der Sicherheitspolitik entscheiden. In zweiter Linie und abgeschwächt trifft dies auch für das an Österreich angrenzende Südosteuropa zu. Lediglich von dem diesbezüglich erst in dritter Linie zu nennenden Raum Baltikum/Ostsee ist Österreich weiter entfernt. Kein europäisches Land ist von seiner Geographie her so stark von den aktuellen Neuordnungsprozessen in Europa betroffen, wie Österreich.

Im Folgenden soll aufgrund der Gegebenheiten und der erwartbaren oder befürchtbaren Entwicklungsmöglichkeiten die europäischen Lage im Rahmen der globalen Situation dargelegt werden. Diese Perspektive ist notwendig für die Beantwortung der Frage, warum eine eindeutig westorientierte Sicherheitspolitik Österreichs nicht nur für das Land selbst von großer Bedeutung im Sinne der Gewinnung von mehr Sicherheit hinsichtlich zukünftiger möglicher Szenarien wäre, sondern auch einen bedeutsamen Beitrag zur Stabilisierung Mitteleuropas brächte.

5. Allgemeiner und globaler Hintergrund der europäischen Lageentwicklung

Die vorläufig ungebrochene Zunahme der Weltbevölkerung durch das gigantische Bevölkerungswachstum in praktisch allen Entwicklungsländern verschärft die Probleme der Ressourcenverteilung und dadurch nicht nur die Gegensätze zwischen der entwickelten und der weniger entwickelten Welt, sondern auch die in der sogenannten Dritten und Vierten Welt selbst. Trotz einer Abschwächung der Schuldenkrise der Entwicklungsländer bringt das Bevölkerungswachstum eine Verschärfung der wirtschaftlichen und sozialen Probleme. Diese lösen wiederum große Migrationsbewegungen aus („Wohlstandswanderungen"), die die soziale und politische Stabilität der Einwanderungsländer gefährden, und sie fördern radikale und fundamentalistische Strömungen und Zivilisationskämpfe in jenen Ländern, in denen demokratische Ordnungssysteme nicht funktionieren bzw. als wesensfremd nicht von heute auf morgen funktionieren können.

Umweltprobleme, die dringend gelöst gehörten, weil sie die Gesamtwelt bedrohen, jedoch mangels geeigneter Instrumentarien nicht lösbar erscheinen, erfahren eine zusätzliche Verschärfung durch die Armut in den Entwicklungsländern, die sich in ihren Entwicklungsversuchen nicht an umweltschonende Produktionsverfahren halten können, was wiederum schwelende Konfliktpotentiale schafft. Vor dem Hintergrund des Wegfalles der disziplinierenden Wirkung der großen Militärpakte aus der Zeit des Kalten Krieges durch die Auflösung des Warschauer Paktes und den Verlust an Kontrolle über Klientelstaaten seitens der Großmächte (insbesondere durch den Untergang der Sowjetunion), erhöht sich die Gefahr des Ausbruches bzw. die Gefahr des Entstehens zahlreicher begrenzter Konflikte mit all den Risiken der Eskalation, die zu regionalen Kriegen und in der Folge auch zu großen Kriegen führen können.

Zunahme der Bedeutung regionaler Ordnungsmächte

Nach der Auflösung des Warschauer Paktes und der Schwächung beziehungsgsweise des schließlichen Zerfalles der Sowjetunion ist insgesamt die seinerzeit gegebene disziplinierende Wirkung der großen Militärpakte weitgehend weggefallen und hat die Intensität der Einflußnahme der Großmächte auf die nationale Politik befreundeter, verbündeter oder abhängiger Länder stark nachgelassen. Das hat nicht nur in Europa neue Situationen geschaffen. Da der Ost-West-Gegensatz weltweit wirksam geworden war und Konflikte steuerte bzw. überdeckte, hat sich nunmehr auch global gesehen eine größere Handlungsfähigkeit für einzelne Akteure ergeben. Die neue globale Situation drückt sich insbesondere in der Zunahme der Bedeutung regionaler Ordnungsmächte bzw. regionaler Großmächte aus, die ihre Bedeutung aufgrund ihrer Wirtschaftskraft, Bevölkerung oder Größe, ihres Reichtums, Militärpotentials und Geltungsbedürfnisses erlangen.

Mit dem Rückgang des sowjetischen Expansionismus in Asien und Afrika, der von einem nachlassenden militärischen Engagement der USA in Asien begleitet wird, ergibt sich die Chance für alte und neue regionale Mächte, selbst im stärkeren Maße gestaltend zu wirken und ihre (tatsächlich erfaßbaren oder nur vorgegebenen) Sicherheitsinteressen entschieden eigenständiger wahrnehmen zu können bzw. zu müssen. Neben China ist hier Indien zu nennen, aber auch in Afrika und Lateinamerika ist die Herausbildung regionaler Führungsmächte – zumindest im Versuch – wahrzunehmen (Nigeria, Südafrika, Brasilien); die Erstarkung Japans als Wirtschaftsmacht wird schließlich auch sicherheitspolitische Konsequenzen nach sich ziehen.

Generell läßt sich die Zunahme der Bedeutung wirtschaftlicher Macht in den internationalen Beziehungen bei gleichzeitiger Abnahme der Bedeutung militärischer Macht in der Sicherheitspolitik registrieren. Die Relation der Bedeutung von wirtschaftlicher und militärischer Macht hat sich verändert (was nicht dahingehend ausgelegt werden darf, daß militärische Macht bedeutungslos geworden wäre!). Dieser Umstand wird in Zukunft noch mehr sicherheitspolitische Relevanz erhalten. Die Globalisierung der Wirtschaft zu einer Weltmarktwirtschaft, nach der Öffnung der Volkswirtschaften des ehemaligen sowjetisch dominierten COMECON (Rat für gegenseitige Wirtschaftshilfe) und mit der Wirtschaftsliberalisierung in China, Vietnam und einigen anderen Ländern, hat im Zusammenhang mit den durch die nationalen Autoritäten kaum noch steuerbaren Transaktionsmöglichkeiten in den globalen Finanznetzen nicht nur gewaltige Chancen für die wirtschaftlichen Akteure eröffnet, sondern auch Konkurrenzsituationen geschaffen, die sich insbesondere in der Standortkonkurrenz in einer Art permanentem Wettlauf der Besessenen zeigen. In diesem Umfeld suchen die Nationalstaaten in makroregionalen Wirtschaftsblöcken einen gewissen Schutz vor dem Wettbewerbsdruck zu finden.

Gnadenlose Konkurrenz zwischen großen Volkswirtschaften und zwischen den Wirtschaftsblöcken bestimmt zunehmend das globale Wirtschaftsgeschehen. Das trifft insbesondere für den Kampf um Marktanteile zwischen der EU, der USA und Japan zu. So gesehen ist es keineswegs selbstverständlich, daß die sicherheitspolitische Kooperation dieser Länder (außer im Bereich essentieller globaler Kooperationserfordernisse zur Aufrechterhaltung völkerrechtlicher, handelsrechtlicher oder demokratiepolitischer Zustände) auch hinsichtlich regionaler Probleme dauerhaft sein wird.

Vielfältige Fragmentierung und neue Schutzbedürfnisse

Das neue Zeitalter nach dem Ende des Ost-West-Konfliktes wird gelegentlich bereits als das der Globalisierung beschrieben, als eine Ära, in der Finanzpolitik, Produktion, Investition und insbesondere auch Kommunikation und Informationswesen weltumspannend gedacht werden. Trotz der Globalisierung der Märkte und weltweiter Vernetzung gibt es aber auch eine vielfältige Fragmentierung: Die Entstehung neuer Staaten durch Sezession; der Verfall politischer Autorität in vielen Staaten; Regionalisierungstendenzen in alten Nationalstaaten; Zentrifugalerscheinungen wirtschaftlicher und politischer Art insbesondere in größeren Staaten; die Verselbständigung ethnischer und kultureller Minderheiten.

Die neuen Ambitionen regionaler Mächte bei nachlassendem oder verlorengegangenem Schutz durch die Weltmächte bewirken neue Schutzbedürfnisse der kleineren Staaten, die sich - ganz im Gegensatz zur Entwicklung in Europa und Nordamerika - häufig in militärischer Aufrüstung auswirken (in Süd- und Südostasien spricht man von einem Rüstungswettlauf). Generell ergibt sich so eine weniger gut überschaubare globale Ordnungssituation, insbesondere in sicherheitspolitischer Hinsicht. Durch die atomare Proliferation, die Weitergabe nuklearen Know-hows und der Technologie für Trägerraketen an Länder der Dritten Welt und das Entstehen neuer Atommächte werden nicht nur regionale Situationen, sondern wird auch die globale Konstellation unberechenbar. Die schwierigere Kalkulierbarkeit des Funktionierens der atomaren Abschreckung ist eine Folge dieser Entwicklung.

Regionalmächte mit eigenen Zielen

Der Zerfall der Sowjetunion hat (trotz des Verbleibes Rußlands als atomarer Großmacht) das beinahe global wirksame „Gesamthegemonialsystem" der Supermächte beendet. Die USA als alleine verbleibende Supermacht konnte jedoch keine effektive Weltvorherrschaftsstellung einnehmen. Im Gegenteil ist die Rolle der Regionalmächte seit dem Ende des Ost-West-Konfliktes deutlich gewachsen und hat auch die Einflußnahmemöglichkeiten der USA reduziert. Die Regionalmächte verfolgen eigene Ziele und werden umworbene Partner bzw. Spielfiguren für andere regionale Mächte und für die USA selbst.

Die bedeutendsten regionalen Mächte (in militärischer Hinsicht auch Großmächte) sind Rußland und China; daneben ist als nächstes Indien zu nennen. Sie haben Einflußbereiche, die man als Zonen der Vorherrschaft bezeichnen kann, und sie sind dabei, diese auszubauen. Auch in einzelnen anderen Fällen wie bei Nigeria, Ägypten und Südafrika sind die Voraussetzungen für eine regionale Hegemonie (als auf einem deutlichen Übergewicht beruhenden Vorherrschaft eines Landes, das für die anderen einer Fremdherrschaft nahekommt) durchaus gegeben; ihre Ausübung wird durch die engen Grenzen verfügbarer Ressourcen (Nigeria) oder durch aus internationalen Rücksichtnahmen begrenzten Handlungswillen (Ägypten) relativiert. Mächte wie die Türkei, der Iran, Pakistan, Vietnam, Indonesien, Brasilien oder Argentinien besitzen zwar keine direkten Einflußzonen, wo sie hegemonial wären, denn für manche Länder läßt die Nachbarschaft ebenbürtiger oder stärkerer Länder keine oder nur eine eng begrenzte Einflußzone zu, wie für die Türkei (begrenzt durch Iran und Rußland), den Iran (Türkei, Pakistan), Pakistan (Indien), Indonesien (Indien, Vietnam, Australien), Vietnam (China), Brasilien (Argentinien, USA) oder Argentinien (Brasilien, USA). Sie können jedoch auf einzelne Nachbarn Einfluß, manchmal sogar Druck, im Sinne eines bestimmten Verhaltens, ausüben und begrenzte Ordnungsfunktionen übernehmen; so wird etwa die Türkei sowohl wegen ihrer Wasserressourcen als auch des Territoriums für Gas- und Ölpipelines und als Verkehrsweg (Beispiel Bosporus) durchaus in der Lage sein, die Politik einzelner Länder zu beeinflussen. Manchen Staaten wiederum, die von einem natürlich vorgegebenen geographischen Umfeld her (keine starken Nachbarn, begrenzte Einflußinteressen globaler Mächte) Regionalmächte sein könnten (beispielsweise Zaire), fehlt die eigene Potenz dazu. Im Falle Japans wiederum fehlt nicht die Potenz, sondern hindert bewußte politische Zurückhaltung an der Bildung einer möglichen Einflußzone in Südostasien (in Konkurrenz mit China, eventuell auch den USA); seine enorme wirtschaftliche Potenz hat aber eine Zone wirtschaftlichen Einflusses geschaffen.

Darüber hinaus gibt es Vorherrschaftsbereiche, die ihrerseits im Interessensgebiet größerer und stärkerer Länder liegen, wodurch eine Vormachtstellung keine größere Bedeutung oder größere internationale Auswirkungen erlangt (wie z. B. Saudi-Arabiens Vorherrschaft über die arabische Halbinsel durch die Interessen der USA begrenzt ist oder Mexikos geographische Dominanz über Mittelamerika und Teile der Karibik im „Hinterhof" der USA von vorneherein nicht zur Wirkung kommt). Australiens Dominanz im Südpazifik ist nur eine hinsichtlich von Klein- und Kleinststaaten und in Begrenzung durch allfällige Interessen der USA und eventuell auch Frankreichs.

Alle regionale Machtausübung begrenzt aber den Einflußbereich globaler Mächte, als welche im Moment nur die USA angesehen wird. Die Rückkehr Rußlands zur Rolle einer globalen Macht ist offen, aber durchaus denkbar, und für China muß man die Rolle einer Weltmacht für die nahe Zukunft annehmen.

6. Interregnum: Hegemoniefreies Europa

Nach dem Zerfall zuerst des Warschauer Paktes und dann der Sowjetunion selbst stellt sich die berechtigte Frage, ob bzw. in welchem Maße Rußland noch eine Weltmacht ist. Zwar spricht das strategische Waffenpotential dafür, der wirtschaftliche Niedergang und der Verfall zentraler Staatsgewalt spricht jedoch dagegen. Für die (vorläufige) Abdankung als Weltmacht spricht auch der Umstand, daß Rußland nicht in einem so großen Raum wie früher die Sowjetunion eine unangefochten vorherrschende Stellung hat. Auch der Wegfall der weltweiten ideologischen Einflußmechanismen auf und über kommunistische Parteien macht sich bemerkbar. Dennoch übt Rußland nach wie vor oder bereits wieder ein gewisses Maß an Vorherrschaft auf Teile der Territorien der außerrussischen Ex-Sowjetunion aus. Die russische Politik neigt dazu, den Weltmachtstatus als nicht beendet zu sehen (was sich unter anderem in der offiziellen Nachfolge der Sowjetunion ausdrückt), und versucht, den russischen Einflußbereich wieder zu erweitern. Rußland alleine scheint nicht die Voraussetzungen für eine Weltmacht zu erfüllen. Von der Bevölkerungszahl her ist Rußland nur noch das sechstgrößte Land der Erde. Für eine Rolle als Weltmacht müßte Rußland aber wieder größer werden. Zweifellos ist es wohl für Teile Osteuropas und einen großen Teil Asiens eine beherrschende Großmacht geblieben.

Die seinerzeitige sowjetische Hegemonie in Ost- und Südosteuropa beruhte auf der faktischen Aufteilung Europas zwischen den beiden Hauptsiegermächten des Zweiten Weltkriegs; sie wurde neben dem vorhandenen strategischen und militärischen Übergewicht, dem dann auch die wirtschaftliche Dominanz der Sowjetunion folgte, durch zwischenstaatliche Verträge (bilaterale Verträge, COMECON, Warschauer Pakt) abgesichert. Die Vormachtstellung der Sowjetunion in ihrem osteuropäischen Bereich war unangefochten; die Teilung des Kontinents in Einflußsphären verfestigte die Stabilität der amerikanisch-sowjetischen Gleichgewichtspolitik.

Hatte in früheren Phasen der europäischen Geschichte Gleichgewichtspolitik das Entstehen allein herrschender Hegemonialmächte zu verhindern gewußt, so hat die atomare Gleichgewichtspolitik eine neue Form weltweiter kooperativ-kondominialer Hegemonie der beiden verfeindeten Supermächte mit teilweise geschützten Einflußbereichen und teilweise offenen Wettbewerbsflächen gebracht. Es war eine Art (europäisches und darüber hinaus begrenzt global wirksames) aufgeteiltes Gesamthegemonialsystem zweier rivalisierender Mächte.

In Europa werden wieder Einflußzonen entstehen

Für Europa – zumindest für das Europa außerhalb der GUS bzw. der ehemaligen Sowjetunion – ergibt sich für die Zeit nach dem Ende der Ost-West-Konfrontation und nach dem weitgehenden Rückzug amerikanischer Truppen aus Europa die Situation einer Hegemonielosigkeit. Könnte man heute sagen, daß Westeuropa unter amerikanischer Vorherrschaft steht? Wohl nicht. Auch Osteuropa (im alten Sinne) steht nicht mehr (und noch nicht wieder) unter russischer Vorherrschaft. Sicherlich steht auch kein Raum unter deutscher, britischer oder französischer Vorherrschaft.

Auf Grund historischer Erfahrung über das Verhalten der Staaten ist jedoch zu erwarten, daß sich wieder Einflußzonen bilden: Einmal durch ein (mentales) Wiedererstarken Rußlands. Zum anderen durch das sich bildende Gegengewicht. Dieser Prozeß – Erstarkung Rußlands versus Bildung einer Gegenkraft – ist eine mögliche Gestaltungsgröße der künftigen Einflußbereiche.

Die Gegengröße zu diesen Tendenzen könnte sich verschieden entwickeln: „Rückkehr“ der USA nach Europa und Neubelebung der NATO; außen- und sicherheitspolitische Handlungsfähigkeit der EU (Aktivierung der WEU); neue Bündniskonstellationen, beispielsweise deutsch-französisch (mit Beteiligung anderer Länder; „Kerneuropa“) oder – hypothetisch – ein deutsch-polnisch geführtes Mitteleuropabündnis. Vielfach bereits befürchtet und beschworen wird auch die (zumindest derzeit noch) nicht realistische russisch-deutsche Zusammenarbeit zur Bildung neuer Vorherrschaftsbereiche.

Aber auch ein anderer Prozeß könnte die Bedingungen der Entwicklung der Einflußbereiche bestimmen, nämlich die westeuropäische sicherheitspolitische Integration (mit oder ohne US-Beteiligung) mit Ausdehnung gegen Osten, gegen die sich dann das russische Wiedererstarken richtet. Der Unterschied im Ergebnis zwischen dem einen Fall – Wiedererstarken Rußlands versus westeuropäische Gegenkräfte – und dem anderen Fall – der raschen Integration und Ausdehnung Westeuropas nach Osten versus russisches Wiedererstarken als Gegenkraft dazu – wäre wahrscheinlich der, daß dessen Einflußbereich größer ist, der früher beginnt, sich ihn zu schaffen. Das gilt auch im Hinblick auf die Debatte zur NATO-Osterweiterung.

7. Die Rolle Rußlands und die Tendenz zur Restauration des Reiches

Nach dem Zerfall der Sowjetunion und des von ihr dominierten Warschauer Paktes ergab sich ein Machtvakuum in Mittel- und Osteuropa. Der Abzug der sowjetischen Truppen korrespondierte mit der Erringung eigenständiger nationaler Handlungsfähigkeit der „Reformländer". Im Moment befinden sie sich außerhalb der Hegemonialbereiche großer Mächte. Sie haben das Machtvakuum registriert und setzen – noch immer – auf die Aufnahme in die westlichen Organisationen EU, WEU und NATO.

Auch die Nachfolgerepubliken der Sowjetunion – so schien es zumindest phasenweise – haben nationale Souveränität errungen. Die meisten von ihnen konnten sich jedoch nie völlig von Rußland lösen, weder wirtschaftlich noch militärisch. Ihr künftiger Status ist noch in Schwebe; fest steht jedenfalls, daß Rußland (zumindest) die gesamte ehemalige Sowjetunion als ihr Interessens- und Einflußgebiet betrachtet („nahes Ausland"). Die wirtschaftlichen (und auch die sicherheitspolitischen) Beziehungen zwischen den ehemaligen Sowjetrepubliken sind nach wie vor außerordentlich eng; es bestehen Verflechtungen von Produktionskapazitäten und es gibt außer der starken (zumindest sektorellen) Abhängigkeit von Rußland am Energiesektor auch die am Rohstoffsektor. Darüber hinaus ist Rußland ein bedeutsamer, teilweise unverzichtbarer Absatzmarkt. Diese Abhängigkeiten sichern eine russische Dominanz. Das gilt für Weißrußland wie für die Ukraine (wobei sich in Weißrußland bereits ein starker Wiederannäherungsprozeß an Rußland entwickelt hat), sodaß mit einer „Heimkehr" dieser Republiken ins „Russische Reich" gerechnet werden kann. In der Ukraine ist die Situation zwar komplizierter, denn es gibt engagierte politische Kräfte, die für die Unabhängigkeit stehen. Andererseits wird die wirtschaftliche Abhängigkeit von Rußland die Abkoppelung vom Prozeß der weiteren Integration in die Gemeinschaft Unabhängiger Staaten (GUS) nicht erlauben.

Daß es maßgebliche Kräfte gibt, die diese russische Politik der Reintegration der Ex-Sowjetunion-Republiken revidieren würden, war bisher nicht erkennbar.

Stimmungswandel in vielen GUS-Ländern

Ein wichtiges Instrument zur Sicherung der russischen Vorherrschaft in der ehemaligen Sowjetunion sowie zur Reintegration der einzelnen Republiken ist die Gemeinschaft Unabhängiger Staaten (GUS). Zwar wurde GUS mit dem erklärten Ziel einer geordneten Auflösung der seinerzeitigen UdSSR errichtet. Angesichts des wirtschaftlichen Niederganges und der Verschlechterung der Lebensbedingungen für breite Bevölkerungsschichten gibt es aber einen Stimmungswandel in vielen GUS-Ländern: Nach der ersten Euphorie über die errungene nationale Selbständigkeit kommt Ernüchterung und Enttäuschung und es mehren sich die Stimmen derer, die für ein starkes Zusammengehen und eine integrative Funktion der GUS plädieren. Das unterstreicht auch die Kompliziertheit der Prozesse der Systemablösung und Neugestaltung der postsozialistischen Gesellschaft.

Zu Sowjetzeiten gab es auch eine Umverteilung des BIP zwischen einzelnen Gebieten von den wohlhabenderen Republiken Weißrußland, Ukraine und Rußland zu den ärmeren, insbesondere nach Zentralasien, wodurch ein gewisser, wenngleich bescheidener Lebensstandard gesichert war. Nach dem Zusammenbruch der Kommandowirtschaft funktionierte die Verteilung nicht mehr. Das Absinken des Lebensstandards dürfte zu einem gewissen Teil auch auf das Auseinanderfallen des seinerzeitigen einheitlichen sowjetischen Marktes zurückzuführen sein. Die Störung und Unterbrechung der ausgeprägten regionalen Arbeitsteiligkeit in vielen wichtigen Produktionsbereichen hat zu volkswirtschaftlichen Schäden geführt, deren Dimension bis heute noch nicht abzuschätzen ist.

Identitätsprobleme lasten schwer auf der russischen Seele

Eine gewisse übernationale Identität scheint – zumindest in vielen Teilen der ehemaligen Sowjetunion – nicht verloren gegangen zu sein, wozu auch die Vermischung der Bevölkerung in allen ehemaligen Unionsrepubliken beigetragen haben kann. Anderseits lastet natürlich schwer auf der russischen Seele, daß heute sechzig Millionen Menschen außerhalb ihrer ursprünglichen Heimat leben; vierzig Millionen Menschen stammen aus Mischehen; somit sind etwa hundert Millionen Menschen, also mehr als ein Drittel der früheren Gesamtbevölkerung mit Identitätsproblemen konfrontiert – mehr als die gesamte Bevölkerung Deutschlands.

Faktum ist, daß die Nachfolgestaaten der UdSSR eine Region unmittelbarer politischer, wirtschaftlicher und geostrategischer Interessen Rußlands bilden. Das russische Interesse bezieht sich nicht nur auf die Rechte der Auslandsrussen innerhalb der GUS, sondern auch auf die Schaffung einer Wirtschaftsunion und eines gemeinsamen GUS-Marktes sowie eines Systems der kollektiven Sicherheit für die ehemalige Sowjetunion. Die russischen Interessen werden in der Rolle des russischen Militärs im Bereich der ganzen GUS (und in dessen häufiger Parteinahme für eine der Konfliktparteien innerhalb der GUS-Republiken) deutlich.

Die russischen Bemühungen um die Einbindung der Nachfolgerepubliken der Sowjetunion in den russischen Herrschaftsbereich sind vielfältig: Neben der Ausnützung wirtschaftlicher und technologischer Faktoren (insbesondere der Rohstoff- und Energieabhängigkeit der meisten Ex-Sowjetrepubliken) gibt es subversive Maßnahmen zur Untergrabung nationaler Autorität sowie verdeckte militärische Unterstützung bestimmter Gruppen bis zu offenem Militäreinsatz (wie in Georgien, Tadschikistan und Transnistrien). Dort, wo militärischer Einsatz zur Durchsetzung wesentlicher Interessen nötig ist, erfolgt er auch, soferne er möglich ist. (Militäreinsatz erfolgt auch in Rußland selbst, dessen ethnisch und kulturell nichtrussischen Gebiete die russische Zentralgewalt nicht immer akzeptieren.) Nach dem Verlust des Warschauer Paktes (als äußerem Imperium) wird der imperiale Machtanspruch im „inneren Imperium" gegenüber den europäischen Teilen der Ex-Sowjetunion weiterhin aufrechterhalten.

In den transkaukasischen und den zentralasiatischen Republiken haben sich die russischen Streitkräfte (teilweise mit, teilweise ohne Autorisierung durch Moskau) als Ordnungsmacht gebärdet. Die offene Einflußnahme auf das politische Geschehen in diesen Ländern zeigt die Beständigkeit des russischen Interesses an ihnen. Eine besondere Herausforderung für Rußland besteht durch den Versuch sowohl der Türkei als auch des Iran, in Aserbeidschan und den zentralasiatischen Republiken Einfluß zu gewinnen.

Sonderfall Baltikum

Eine Sonderentwicklung im Rahmen der Sowjet-Nachfolgestaaten könnte allerdings das Baltikum nehmen. Auf Grund der für Rußland bedeutenden strategischen Ostseeposition der drei Staaten und der großen russischen Minderheiten dort war für die drei Baltenrepubliken die Ausgangssituation zur Erlangung nationaler Souveränität ungünstig. Und auf Grund der offensichtlichen Entschlossenheit der politischen Führung in den baltischen Ländern (mit breiter Unterstützung in der Bevölkerung, teilweise sogar der russischen) zur Unabhängigkeit sowie auf Grund der großen Anteilnahme und des Interesses der Weltöffentlichkeit, hat Rußland dort verdeckt agiert, und zwar durch Druck aus Moskau und vorsichtigen „Drohungen“ bzw. „Hinweisen“ auf die Realitäten. Der russischen Führung kam dabei der Umstand entgegen, daß sie das Problem ihrer Minderheiten zu Recht als sozialpolitische Perspektive darstellen konnte. Aber die Aktivitäten der EU und der WEU zur Einbindung der baltischen Staaten vor dem Hintergrund, daß auch die USA ein großes Interesse an der Entwicklung der Region zeigte, haben bislang den Weg dieser Länder zu effektiver Unabhängigkeit von Rußland gut vorbereitet, wozu auch das Entgegenkommen der Balten zur Lösung der Probleme der russischen Minderheiten entscheidend beitrug.

Unter geostrategischen und geopolitischen Aspekten wird es dennoch eine offene Frage bleiben, ob sich Rußland „seine Ostsseeprovinzen“ so einfach wegnehmen läßt und ob sich Rußland im Hinblick auf sein bisher maßvolles Verhalten einfach verspekuliert hat (weil es die freiwillige Rückkehr der Balten in die GUS nicht geben wird und die Abhängigkeit von Rußland nachläßt) und zu gegebener Zeit seine Haltung revidieren wird. Eine völlige Westintegration dieser Länder erscheint derzeit jedenfalls unrealistisch, denn auch wenn russische Stützpunkte dort abgebaut werden, so wäre eine Stationierung von NATO-Truppen oder auch nur die Verwendung der Territorien der baltischen Länder für NATO- oder WEU-Zwecke im Hinblick auf die militärischen Sicherheitsinteressen Rußlands tatsächlich provokativ und würde beispielsweise hinsichtlich der russischen Enklave Kaliningrad, hinsichtlich russischer Flottenaktivitäten in der Ostsee oder hinsichtlich des russischen Luftverteidigungs- und Frühwarnsystems Konfrontationen heraufbeschwören. – So gesehen bietet sich für die baltischen Länder eine ähnliche Rolle an wie für Österreich und Finnland bis 1989, nämlich eine Art Neutralität im hegemoniefreien Bereich.

Die offene Frage. ob die Ukraine unabhängig bleibt

Entscheidend für die künftige geostrategische Situation in Gesamteuropa wird aber die Rolle der Ukraine sein, ob sie wieder faktisch russisch wird oder ein selbständiges Land bleibt. Für die russischen Interessen ist der Besitz der Ukraine geopolitisch und geostrategisch jedenfalls in so hohem Maße bedeutend, daß man annehmen muß, daß es mittel- oder langfristig nicht darauf verzichten wird. Dazu kommt noch die historisch-kulturelle Beziehung Rußland–Ukraine als wesentliches Element russischen Selbstverständnisses. Das jahrelange geradezu demonstrative Desinteresse des Westens und insbesondere der offiziellen USA am Schicksal der Ukraine war vielsagend. Es schien, als sei sie vom Westen bereits wieder Rußland überlassen, jedenfalls solange, als in der USA die Erwartung einer gedeihlichen Entwicklung in Rußland vorherrschend war. Nach den Verträgen über die Beendigung des Nuklearmachtstatus der Ukraine zwischen dieser, der USA und Rußland, steht aber noch keineswegs fest, daß der Westen tatsächlich an eine entscheidende Schwächung Rußlands durch die Unterstützung der Verselbständigung der Ukraine denkt, auch wenn sich in den USA und in Westeuropa einzelne Stimmen zur Stärkung der Ukraine erhoben haben und sich einige politische Rhetorik in diese Richtung entwickelt hat.

Nach Ansicht mancher Beobachter verfolgt Rußland gegenüber der Ukraine eine langfristige Strategie, um sie in die Knie zu zwingen. Die Ukraine soll isoliert und damit stärker von Rußland abhängig gemacht werden. Durch eine einseitige Westpolitik liefe die Ukraine ihrerseits Gefahr, die Beziehungen zu Moskau zu verschlechtern, was sie sich offensichtlich nicht leisten kann. So strebt die Ukraine zwar keinen NATO-Beitritt an, wohl aber eine möglichst umfassende Integration bzw. Annäherung an die westlichen Institutionen, insbesondere die EU. Ihre offizielle Politik der Bündnisfreiheit, bei uns häufig mit Neutralität übersetzt, dient dem Offenhalten einer eigenständigen Entwicklung. Insbesondere sträubt sie sich gegen die militärische Integration in die GUS: Die Idee der Unabhängigkeit der Ukraine hat aber auf Grund der katastrophalen Wirtschaftsentwicklung in der Bevölkerung nicht mehr die Attraktivität wie früher. Die innere Situation, sowohl hinsichtlich der wirtschaftlichen Entwicklung als auch der politischen Machtverhältnisse pro oder contra ukrainischer Eigenständigkeit, wird eine große Rolle in der noch offenen Unabhängigkeitsfrage spielen, denn die „Heimkehr" der Ukraine ins Russische Reich wird wahrscheinlich weniger von den Versuchen russischen Zugriffes, als von der inneren Stärke oder Schwäche der Ukraine selbst abhängen.

Die Ordnungsmachtrolle im Gebiet des früheren Imperiums

Was immer die Motive dafür sind, den Russen wird vom Westen die Ordnungsmachtrolle im Gebiet der ehemaligen Sowjetunion (mit partieller Ausnahme des Baltikums) fast uneingeschränkt zugestanden. (Wer sollte auch sonst die Konflikte in den Griff bekommen?) Dasselbe galt und gilt noch für die Einsammlung, Verwahrung und Kontrolle der Atomwaffen.

Rußland versucht, sein Umfeld – sowohl innerhalb als auch außerhalb der GUS bzw. der früheren Sowjetunion – zu stabilisieren. Innerhalb der GUS durch eigenes „peace keeping" oder durch Interventionen, wobei seinerzeit dafür die Billigung seitens UN und KSZE/OSZE, allerdings möglichst ohne oder mit nur geringer Einwirkung westlicher Länder, gesucht wurde. Außerhalb der GUS im Bereich des ehemaligen Warschauer Paktes werden bilaterale Sicherheitsabkommen geschlossen und wird die Erweiterung der NATO nach Osten behindert und verzögert.

Ein Schwerpunkt russischer Politik diesbezüglich ist die Slowakei; bleibt die Slowakei außerhalb der NATO, so ist – unter der Annahme, daß auch Österreich nicht NATO-Mitglied wird – ein langer neutraler Riegel von der Westschweiz bis zu den Karpaten gegeben, der in geopolitischer und geostrategischer Hinsicht im russischen Interesse liegt und künftiger russischer Außenpolitik neue Chancen gibt. Außerdem würde die NATO-Integration Ungarns damit praktisch unmöglich gemacht, was wiederum das allfällige spätere Vordringen der NATO nach Südosteuropa erschwert. Rußland strebt auch außerhalb der GUS die Wiedergewinnung bzw. Sicherung von politischem und wirtschaftlichem Einfluß an. Das ist auch keineswegs unrealistisch, wenn man die Bedeutung Rußlands als Absatzmarkt, sowie als Rohstoff- und Energielieferant für einzelne Länder betrachtet. Eine Umorientierung einzelner Länder Südosteuropas, in dem Sinne, eher in Rußland als der NATO den geeigneten Partner zu sehen, kann durchaus einsetzen.

Nur eine wiederkehrende Phase russischer Geschichte?

Zu beachten ist weiters, daß das russische Reich seit Jahrhunderten in vieler Hinsicht heterogen war, nicht nur sprachlich-ethnisch und konfessionell sondern auch sozial (z. B. unterschiedliche Sozialordnungen hinsichtlich der Rechtsstellung der Bauern; unterschiedliche Verfassungen für Landesteile) und wirtschaftlich.

Das russische Reich – oder, wie es Historiker vielfach ausdrücken: das rußländische Reich – beruhte nicht auf dem ethnischen oder nationalen Prinzip und es hatte keine einheitliche Rechts- und Sozialordnung. Der Zusammenhalt war immer wieder durch Zwangsmittel, wie den Einsatz der Armee, hergestellt worden. Also ist die heutige – vermeintlich so verworrene – Situation eigentlich eine wiederkehrende Phase russischer Geschichte. So gesehen befindet sich Rußland in einer nicht so ungewöhnlichen Phase der – wenngleich mühsamen – Sammlung bzw. des Wiederaufbaues des Imperiums nach einem von mehreren Zusammenbrüchen im Zeitenlauf. Das gilt es auch hinsichtlich der

Zweifel über den Bestand der Russischen Föderation (RF) im Hinblick auf die Souveränisierung der Republiken und Gebiete („Subjekte“) innerhalb der Föderation zu beachten. Schien nach dem Ende der Sowjetunion (1991) auch das Ende der RF als eine reale Möglichkeit, so kann man heute registrieren, daß die Regionalisierung und die Verselbständigungsbestrebungen innerhalb der RF ihren Höhepunkt überschritten haben dürften.

Die innere Entwicklung Rußlands

Ausgangspunkt westlicher Politik gegenüber Rußland war zuweilen die Hoffnung auf die Beeinflussung einer positiven Entwicklung, nach der Rußland nicht aggressiv und zivilisiert-pazifistisch im westlichen Sinne sein werde. Das ist allerdings spekulativ. Einmal im Hinblick auf die unwiderlegbare Bedeutung russischer Nationalisten, großrussischer und imperialistischer Vorstellungen (eine Einsicht, für die man nicht erst das Wahlergebnis zur Duma vom Dezember 1993 abzuwarten gebraucht hätte). Zum anderen deshalb, weil große Mächte allgemein (und Rußland konkret aus Geschichtsverständnis und Tradition heraus) zur Entwicklung von Einfluß- und Machtbereichen neigen. Herrscherliche Gewalt ist in Rußland stets an der Ausdehnung des Territoriums und an der gottähnlichen Autorität (sei es der Zar oder die Partei) nach byzantinischem Vorbild gemessen worden.

Bei allen sicherheitspolitischen Erwägungen über die künftige Rolle Rußlands kann man nicht außeracht lassen, daß Rußland in einer historischen Krise steckt, daß das Ende des russisch-sowjetischen Imperiums im allgemeinen Bewußtsein nicht akzeptiert ist und daß das russische „Nationalbewußtsein" territorial bezogen ist; es beschränkt sich nicht auf die ethnischen Russen, sondern umfaßt den gesamten ehemals russisch bzw. sowjetisch beherrschten Raum. Die russische Nationalidee war stets – und ist auch heute – eine imperiale.

Restaurative und neo-imperiale Tendenzen sind daher geradezu logisch und dominieren die politische Landschaft Rußlands. Von politisch weniger bedeutenden demokratieorientierten Minderheiten abgesehen ist die russische Politik generell für die Restauration des Reiches; die Unterschiede bestehen darin, ob dies mehr oder weniger friedlich vor sich gehen soll, und die imperialistischen Programme unterscheiden sich im Tonfall.

Auf absehbare Zeit sind weder stabile politische Verhältnisse noch eine ausreichende Festigung der Demokratie zu erwarten. Die Rechtssicherheit im Inneren bleibt mangelhaft, die Parteien bleiben zersplittert, das Präsidialsystem nimmt immer stärker autoritäre Züge an und die Stimmung in der Bevölkerung heißt zunehmend eine Führung der starken Hand gut. (Man spricht häufig von der „anhaltenden Machtkrise" und gelegentlich von der „stabilen Instabilität".) Diese Situation wird bisher von einer Verschlechterung der sozialen und wirtschaftlichen Verhältnisse und von Erschütterungen der inneren Sicherheit begleitet. Die Bedeutung des Parlamentes ist gering und die nationale russische Idee scheint sich direkt gegen die parlamentarische Demokratie zu richten. Die Ausformung von Parteien und die Bildung der polischen Institutionen sind nicht so recht vorangekommen, weshalb der populistische Personenkult besonders gut gedeiht.

Es ist auch eine gewaltige Übertreibung, die letzte Präsidentenwahl vom 13. Juni und 3. Juli 1996 als Beweis für den Sieg der Demokratie in Rußland anzuführen. Zwar haben

Vertreter der OSZE (als Wahlbeobachter) die Wahl als gesamthaft demokratisch bezeichnet, gleichzeitig auch kleinere Unregelmäßigkeiten in einzelnen Wahllokalen gerügt. (Die OSZE hatte die Wahl in gut 100 Stimmlokalen beobachtet; auf die Größe Österreichs übertragen würde das bei uns die Beobachtung von 5 Wahllokalen, also nicht einmal eines pro Bundesland, ergeben.) Tatsächlich war diese Wahl aber noch kein Sieg, sondern maximal ein Etappenerfolg für die Entwicklung zur Demokratie. Und auch das nur sehr eingeschränkt. Zum einen gab es einseitige Parteinahme des staatlichen Fernsehens und Radios für Jelzin (was vielleicht im Interesse des Westens gelegen sein mag, aber keine geeignete Basis für faire Wahlen ist).

Zum anderen steht die Demokratie vor allem deshalb noch auf tönernen Füßen, weil das Moskauer Regime des amtierenden Präsidenten einen unvorstellbar inhumanen, verbrecherischen Vernichtungskrieg gegen Teile der eigenen Zivilbevölkerung in Tschetschenien führte und nach einem kurzen Scheinfrieden, der aus optischen Gründen zur Erhöhung der Wahlchancen des amtierenden Präsidenten inszeniert wurde, nach der Wahl wieder aufnahm. Ein Regime, das (geschätzte) 40 bis 50.000 Zivilisten einer Provinz, die selbständig werden will, umbringt, hat wohl nichts mit demokratischen Standards zu tun.

Die Problematik der Entwicklung einer demokratischen Ordnung in Rußland ist insbesondere dadurch geprägt, daß große Teile der Bevölkerung in nostalgischer Verklärung am vorbolschewistischen aber auch am bolschewistischen Rußland orientiert sind und sich nach einem paternalistischen starken Staat sehnen, der das Gute belohnt und das Böse bestraft. Der imperiale Gedanke spannt einen verbindenden

Bogen von Monarchisten bis zu Kommunisten, und die Demokraten werden oft als Trojanisches Pferd des Westens gesehen, das dem Sowjetimperium den Todesstoß versetzt und Rußland in die Krise gestürzt hat. Deshalb sehnen sich (laut Meinungsumfrage vom Sommer 1996) siebzig Prozent der Russen nach einer Regierung, der „eisernen Hand", die um jeden Preis die Ordnung wiederherstellt.

Nostalgische Verklärung früherer Zeiten

Das derzeitige Wirtschaftssystem, das an den Frühkapitalismus erinnert, verstehen die meisten Russen nicht als die wünschenswerte Ordnung sondern als ein ungerechtes Willkürmanagement. Ein solches System unter demokratischen Bedingungen zu einer funktionierenden Marktwirtschaft weiterzuentwickeln, erscheint als ein äußerst schwieriges, wenn nicht aussichtsloses Unterfangen. Die zweifellos erfolgten ersten Schritte zu gesellschaftlicher Freiheit in Rußland werden aber nur dann zu einer lebenskräftigen Demokratie in Rußland führen, wenn die Bevölkerung den Eindruck gewinnt, daß die Demokratie auch imstande ist, die soziale Frage zu lösen und die als schreiende soziale Ungerechtigkeit empfundenen Verhältnisse zu beseitigen. Wenn nicht, dann steht das Land wohl vor der Versuchung, die „von der Freiheit erzeugte" soziale und wirtschaftliche Ungerechtigkeit durch egalisaristisches und zugleich autoritär despotisches Regime abzulösen.

Die scheinbar so schwierige Frage, ob man angesichts dieser Perspektiven auf eine positive Entwicklung in Rußland setzen und dementsprechend handeln soll, oder umgekehrt, relativiert sich angesichts des Umstandes, daß es nicht westliche Entscheidungen sind, die diese Entwicklung bestimmen, sondern innerrussische. Deshalb wären die Beurteilungskriterien für Entscheidungen des Westens hinsichtlich der Entwicklung in Rußland und der Entwicklung Rußlands nicht die der Förderung bzw. des Beeinflussungsversuches russischer Entwicklungen, sondern die der Einstellung auf mögliche Auswirkungen derselben auf den Westen. Und hierfür ist zu beachten, daß es leichtfertig wäre, eine negative Entwicklung auszuschließen. Rußland wird als Quelle möglicher Konflikte und neuer Machtverschiebungen im osteuropäischen Raum zu beachten sein.

Das Beispiel Rußland zeigt auch, daß ein Land, das einen besonders großen Schritt aus totaler autoritärer Stabilität zur Massendemokratie macht, sehr stark zur Gewaltanwendung neigt. Der gelungene Abschluß eines Systemwechsels ist nach Meinung führender Rußlandexperten – selbst unter besonders günstigen Bedingungen – frühestens in 15 bis 20 Jahren zu erwarten.

8. Folgerungen für die europäische Entwicklung

Seit 1990 ist – wie es z. B. der ehemalige US-Sicherheitsberater, Zbigniew Brzezinski *(in seinem Aufsatz Postkommunistischer Nationalismus im Europa-Archiv, Folge 24/1989)* formuliert hat – „jene künstliche Stabilität vorüber, die angeblich der Auseinandersetzung der Blöcke im Kalten Krieg innegewohnt hat. Diese Stabilität – soweit es sie gegeben hat – war geschichtlich gesehen künstlich".

Seither gibt es wieder die nicht berechenbaren Konfliktpotentiale: Die Gefahr der Balkanisierung (im sicherheitspolitischen Sinn) ganz Osteuropas und Mitteleuropas; die Möglichkeit neuer Achsenbildung bzw. des Suchens nach neuen Partnern und nach Einflußzonen westlicher Mächte im Osten; die Auswirkungen der Vereinigung der beiden deutschen Staaten auf das derzeitige Machtgefüge bzw. die Zerrüttung desselben und die potentielle Abwertung der scheinbaren (militärischen) Großmächte Frankreich und Großbritannien zu europäischen Mächten zweiten Ranges und den noch nicht gewissen Konsequenzen aus ihrem Suchen nach einer neuen Rolle.

Faktoren für eine künftige europäische Sicherheitsordnung

Auf der Basis, daß zwar im Westen des Kontinents keine aktuellen Bedrohungen ersichtlich sind und die kollektive Verteidigungsfähigkeit durch die NATO für den Fall der Fälle nach wie vor gegeben scheint, jedoch in Mittel- und Osteuropa eine tiefe Besorgnis darüber herrscht, daß die politische Entwicklung im Raum der ehemaligen Sowjetunion und ihrer ehemaligen Satelliten sowie in Jugoslawien nicht spurlos an Resteuropa vorbeigehen wird, und vor dem Hintergrund einer globalen Situation der weltweit zunehmenden Verflechtung der Volkswirtschaften und der starken Konkurrenz in Wirtschaft, Wissenschaft und Technik, lassen sich im Hinblick auf eine künftige europäische Sicherheitsordnung folgende Faktoren feststellen:

- Rußland entwickelt seinen Hegemonialbereich. Neoimperiale und restaurative Tendenzen dominieren die politische Landschaft ganz eindeutig und bestimmen zunehmend die russische Außenpolitik.
- Die strategische Kooperation mit Rußland (Nichtweiterverbreitung von A-Waffen, Sicherheitsrat der UNO, internationale Großmächtedispositionen hinsichtlich Asien) ist für die USA eine wichtige Gestaltungsmöglichkeit der internationalen Politik, die in einem Spannungsverhältnis zu den Sicherheitsbedürfnissen der Osteuropäer (gegenüber Rußland) stehen kann und wird.
- Rußland bleibt als militärische Großmacht nach wie vor ein bedeutender Faktor in den Beziehungen der USA zu China, zu Japan und vielleicht auch zu Indien.
- Mit dem vereinten Deutschland gibt es – zumindest theoretisch – eine neue Spielgröße für die europäische Machtpolitik und einen potentiellen Akteur für eine eigenständige Osteuropapolitik. Die mögliche Rolle Deutschlands als eigenständiger Akteur in der europäischen Politik wird deshalb als nur theoretisch gegeben angenommen, weil es für das rohstoffarme und außenhandelsabhängige Land praktisch unlogisch wäre, geostrategische Ordnungsaufgaben aus eigener Kraft zu übernehmen; vielmehr sollte es auf Freihandel und Verhinderung internationaler Spannungen setzen.

- Großbritannien und Frankreich haben ihre Position als europäische Mächte ersten Ranges eingebüßt.
- Die USA ist im Rückzug aus Europa.
- Die USA hat naturgemäß nur begrenztes Interesse daran, ordnungspolitische Aufgaben auf der regionalen europäischen Ebene zu übernehmen, in Auseinandersetzungen, die ihr wesensfremd sind und deren Dimension ihr etwa hinsichtlich ethnischer Spannungen oft nur schwer verständlich ist.
- Der Anschein ist jedenfalls der, daß die USA eine solche Ordnungsfunktion für den Bereich der ehemaligen Sowjetunion (vielleicht mit Ausnahme der baltischen Staaten) Rußland zugesteht.
- Auch die EU scheint an der Entwicklung der GUS zu einer neuen Integrationsgemeinschaft und an einer machtvollen Rolle Rußlands in der Ex-Sowjetunion interessiert, wenngleich sie sich verbal gegen die neoimperialen Ansprüche Rußlands stellt.
- Die NATO-Erweiterung nach Osten ist eine offene Frage und findet (vorläufig noch) nicht statt. Jüngste Überlegungen zur NATO-Erweiterung können ebensogut als taktische Kalküle gegenüber Rußland, wie als konkrete politische Absichten interpretiert werden und erfüllen wohl auch die Funktion von „Beruhigungspillen" gegenüber den Osteuropäern. Konkrete Schritte können erst nach der Präsentation der Eignungskriterien erwartet werden.
- Die EU-Erweiterung um Finnland, Österreich und Schweden fand statt. Die EU schiebt sich nach Osten und Norden.
- Die EU-Erweiterung um weitere Osteuropäer bleibt auf der Tagesordnung. Der Zeitpunkt der nächsten Erweiterung ist freilich ebenso offen wie bei der NATO-Erweiterung.

- Die WEU gewinnt langsam an politischem Gewicht für Europa. Offen bleibt, wie viel.
- Die WEU wird, wenngleich langsam, aber doch systematisch, für mögliche regionaleuropäische militärische Aufgaben mit der NATO vernetzt (z. B. durch die Vorbereitung der Unterstellung von NATO-Stäben unter den WEU-Rat).

Demokratie-Niveau und Neigung zur Kriegsführung

Wenn man vom Lagebild der unsicheren Situation in Teilen des Balkan und der Ex-Sowjetunion ausgeht, so ist der Transformationsprozeß der Nachfolgestaaten der Sowjetunion und Jugoslawiens zu Demokratie und Rechtsstaat ein sicherheitspolitisches Zentralproblem. Und wenn die Ergebnisse der historischen Untersuchung von Edward Mansfield und Jack Snyder*) über die Zusammenhänge zwischen dem politischen Status der Staaten (als Demokratien, Autokratien, gemischten Systemen aus beiden bzw. Übergangsstadien dazwischen) und der Neigung zur Kriegsführung auch für heute zutreffend sind, dann ist für Optimismus hinsichtlich der europäischen Entwicklung eigentlich nur wenig Platz. Das zentrale Ergebnis dieser Untersuchung besagt nämlich, daß

*) Edward Mansfield und Jack Snyder haben eine politikwissenschaftliche Untersuchung der Zusammenhänge zwischen dem politischen Status als Demokratie, Autokratie, gemischtem Regime aus demokratischen und autoritären Elementen bzw. den Übergangsstadien von Autokratie zu gemischten Regimen oder zur Demokratie und der Kriegsneigung bzw. Kriegsführung durchgeführt. Sie baut auf einer statistischen Bewertung der Regime und ihrer Kriege von 1811 bis 1980 auf. Auf den Zusammenhang zwischen Demokratie und Nationalismus wird ebenso eingegangen, wie auf die Ursachen „demokratischer" Kriege, auf Probleme des Bedrohungsmanagements und auf die historischen und strategischen Dimensionen der Kriegsführung größerer Mächte.– Eine geraffte Zusammenfassung der wichtigsten Ergebnisse dieser Untersuchung findet sich unter dem Titel „Democratisation and War" in der Zeitschrift Foreign Affairs May/June 1995.

die im Demokratisierungsprozeß befindlichen Staaten häufiger (als bei stabilem Status) zur Kriegsführung neigen und daß die Beziehung zwischen Demokratisierung und Kriegsführung ca. 10 Jahre nach Beginn des Prozesses der Demokratisierung am stärksten ist. (Erst entwickelte Demokratien haben eine geringe Neigung zur Kriegsführung.)

Die Tatsache abnehmender Kraft zur Organisation von Politik im internationalen Maßstab, die die internationalen Verhältnisse zunehmend anarchisch und weniger beeinflußbar macht, deutet an, daß wir einem Unordnungsproblem im Weltmaßstab als wahrer strategischer Gefahr der Zukunft gegenüberstehen und daß diese nicht auf andere Weltregionen wie Afrika und Naher Osten begrenzt sein muß, sondern auch in Osteuropa schon vor der Tür stehen kann.

Vor dieser – beinahe apokalyptisch anmutenden – Perspektive lassen sich folgende Kriterien feststellen, von denen kurzfristig die künftige Sicherheitsordnung Europas abhängt:

- die Verfestigung der EU durch Reform der EU-Institutionen und die Entwicklung der GASP (Gemeinsame Außen- und Sicherheitspolitik) und der „Fahrplan" der beabsichtigten EU-Erweiterung;
- das Engagement der USA in Europa, insbesondere hinsichtlich der Osterweiterung der NATO, und das Interesse an strategischer Kooperation mit Rußland;
- die innenpolitische Entwicklung in Rußland, die für das kurzfristige außenpolitische Verhalten des Landes entscheidend sein wird;
- die Rolle Deutschlands, d. h., ob es Integrationsmotor der EU bleiben will bzw. ob es sich mehr Freiraum hinsichtlich seiner Ostpolitik verschaffen wird.

Die Hauptakteure der künftigen Ordnung und Machtkonstellation in Europa sind einmal Rußland und zum anderen als natürliches Gegengewicht dazu die EU. Sollte sich die EU im Sinne eines Faktors der internationalen Politik als nicht handlungsfähig erweisen, so besteht die Gefahr weitgehender Renationalisierung in Westeuropa mit machtpolitischen Ambitionen der größeren europäischen Mächte und einer (möglicherweise Sprengkraft entwickelnden) Suche nach neuer Bündnispolitik der kleineren Länder, die auch eine neue Herausforderung für Deutschland darstellen könnte.

Die EU könnte Zukunft haben

Die beträchtlichen Veränderungen nach 1989 haben als Folge des Endes der Ost-West-Konfrontation eine neue pluralistische Situation geschaffen. Seinerzeit hatte es die US-Politik der Allianzbildung in Westeuropa bewirkt, mögliche Konfrontationsszenarien zwischen den europäischen Mächten hintanzuhalten; der diesbezügliche Beitrag der NATO ist aber möglicherweise bereits historisch. Die im Rückzug aus Europa befindliche USA wird die westeuropäische Harmonie aber nicht erzwingen können. Daß nach dem Ende der Ost-West-Konfrontation die alte Gleichgewichts- und Bündnispolitik der europäischen Mächte nicht wieder aufersteht, gewährleistet langfristig nur eine funktionsfähige EU.

Die EU bedürfte daher eines sicherheitspolitischen Konzeptes, das alle erforderlichen politischen, wirtschaftlichen und militärischen Reaktionen erfaßt und auf einer Identifizierung der (ja objektiv gegebenen) gemeinsamen sicherheitspolitischen Interessen hinsichtlich der Regionen Mittel- und Osteuropa, Balkan, Mittelmeerraum, Naher Osten und Nordafrika beruht. Neben dem visionären Fernziel kollektiver Sicherheit für ganz Europa hätte sie die kollektive Verteidigung zu gewährleisten; und dazu käme die Aufgabe, bis zur Etablierung eines Systems kollektiver Sicherheit – also bis auf weiteres – ordnungspolitische Aufgaben in der Region zu erfüllen, um die Konflikte zu reduzieren: politische und erforderlichenfalls militärische Interventionen in Krisen- und Kriegsgebieten.

Die besondere Eignung der EU zur sicherheits- und verteidigungspolitischen Organisation ergibt sich daraus, daß sie die Kombination wirtschaftlicher, politischer und militärischer Macht ermöglichen würde.

Daß es alsbald zu einer eigenständigen Verteidigungspolitik der EU selbst, also zum Ausbau der zweiten Säule der EU (ohne WEU) kommen dürfte, ist aber schon angesichts der (unverbindlichen und vorsichtig-zaghaften) Formulierung des Vertrages von Maastricht über die Gemeinsame Außen- und Sicherheitspolitik (GASP) wenig wahrscheinlich. Diese Mutmaßung wird durch die einfache Überlegung gestützt, daß die EU kaum eine gemeinsame Verteidigung oder Verteidigungspolitik haben kann, bevor sie nicht eine staatsartige Struktur annimmt und eigenständige, d. h. nicht vom Willen der Mitglieder abhängige, Organe zur Entscheidung in sicherheitspolitischen Fragen hat.

Die Herausbildung einer gemeinsamen Verteidigungspolitik und einer gemeinsamen Verteidigung ist etwas anderes als ein Bündnis; das Bündnis ist eine Kooperation der Verbündeten und zwar meist nur für einen begrenzten Zweck und nicht die gesamte Verteidigung umfassend. Gemeinsame Verteidigung und Verteidigungspolitik der EU müßte aber wohl in der Vergemeinschaftung dieser Aufgabe bestehen.

Die derzeitige zweite Säule der EU, die GASP, ist eine Kooperation der Mitglieder; diese Kooperation, die bewußt nicht Teil der vergemeinschafteten ersten Säule der EU ist, kann entweder durch die EU-Mitglieder in einer eigenen Organisationsform der GASP selbst erfolgen oder sie kann einer außerhalb der EU stehenden Organisation übertragen werden. Das derzeitige Modell sieht eine Kombination dieser Möglichkeiten vor: Entscheidungen in der Organisation der GASP und Ausführung allfälliger militärischer Aktionen durch die WEU.

Eine substantielle Weiterentwicklung der Sicherheits- und Verteidigungspolitik der EU – zu unterscheiden vom Ausbau der bündnisartigen Kooperationsform – wäre die direkte Wahrnehmung innerhalb der vergemeinschafteten EU, indem sie sich eigene Organe und Strukturen zur Planung und Durchführung dieser Aufgaben schafft. Vergemeinschaftung bedeutet durch die bereits vorhandene Größe und die erwartbare Vergrößerung der EU zunehmend auch Mehrheitsentscheidungen. Eine funktionsfähige Verteidigungspolitik bedürfte einfacher Verfahren zur Herbeiführung der nötigen Entscheidungen: Normale parlamentarische Mehrheitsentscheidungen und die Exekutivgewalt eines Verantwortlichen (Verteidigungsminister). Das, was der EU dabei an Verfügungsgewalt über militärische Ressourcen zuwächst, das geht den Mitgliedern ab und das bedeutet einen entscheidenden Souveränitätstransfer von den Mitgliedern zur Union hinsichtlich eines Kernbereiches nationaler Souveränität. Die EU hätte damit einen staatsartigen Charakter bekommen.

Die Szenarien der letzten Jahre auf dem Gebiete des ehemaligen Jugoslawien demonstrierten, daß intergouvernmentale Kooperation noch nicht zu einer gemeinsamen Außen-

und Sicherheitspolitik führt, weil die Regierungen sich in den Zielsetzungen und Maßnahmen nicht einig sind; und es gibt ja keinen Zwang zum Handeln. Es steht zu vermuten, daß das immer wieder so sein wird, wenn es um Geld, Menscheneinsatz und politische Risken geht.

Die Interessen der westeuropäischen Mächte scheinen offenbar noch zu wenig bedroht bzw. fühlen sie sich bei der Abwägung von Parteinahme, Interessen, Kosten und politischem Risiko noch nicht entscheidend herausgefordert. Man kann den Eindruck gewinnen, daß sie Sicherheitspolitik letztendlich doch noch als nationalstaatliche und nicht als europäische Aufgabe erachten. Andererseits haben die europäischen Mächte einzeln (ausgenommen vielleicht den Fall einer außergewöhnlichen Anstrengung, die jedoch normalerweise nur bei eigener nationaler Not unternommen würde) nicht mehr die disponiblen Mittel für militärische Interventionen über größere Distanzen gegen Militärpotentiale (wie z.B. jenes Serbiens). Nicht nur aus diesem Grunde müßten sie kooperieren (und wären je nach Ausmaß der Intervention vielleicht auch noch auf US-Hilfe in den Bereichen Logistik und Aufklärung angewiesen), sondern allein schon aus politischen Erwägungen. Würde in einer speziellen Situation eine einzelne der größeren europäischen Mächte mangels gemeinsamen Handlungswillens alleine intervenieren, so würde das die anderen irritieren, ja, es würde eine völlige Renationalisierung der westlichen Politik heraufbeschwören.

Die globale Situation der weltweit zunehmenden Verflechtung der Volkswirtschaften und der starken Konkurrenz in Wirtschaft, Wissenschaft und Technik einerseits, sowie die regionalen Gegebenheiten der Notwendigkeit eines Gegengewichtes zum russischen Hegemoniestreben und einer Befriedung Osteuropas müßten an sich einen logischen Zwang zur stärkeren Integration Westeuropas ausüben. Europa läuft Gefahr, in den sich als richtungsweisend entwickelnden Industriebereichen zurückfallen und in der technischen Entwicklung nicht mehr mit der USA und Japan Schritt halten zu können. Bei der bereits heute gegebenen Tendenz der Abschottung der eigenen Märkte besteht so die Gefahr, daß Europa – anstatt sich der Herausforderung zu stellen – sich in Schutzsituationen flüchtet, was es mittel- bis längerfristig zu einer zweitklassigen Zone werden ließe und es sodann wahrscheinlich von den ostasiatischen Schwellenländern wirtschaftlich und technisch überholt würde.

Das Postulat der Stärkung der europäischer Solidarität

So gesehen müßte – vorausgesetzt es gibt ein gewisses Mindestmaß an verantwortungsbewußter politischer Führung – ein Bewußtwerdungsprozeß über die Notwendigkeit europäischer Solidarität in den nächsten Jahren einsetzen. Doch damit die EU sich verfestigt und die Funktion einer europäischen Ordnungsmacht erfüllen kann, wird es kluger politischer Führung in den wichtigsten Mitgliedsländern bedürfen, die sich auf die neue Situation einstellt und imstande ist, auch die innerstaatliche Akzeptanz für die Integrationspolitik zu finden. Sehr rasch ist das allerdings nicht zu erwarten und die Regierungskonferenz 1996/97 wird aller Voraussicht nach (und wenn sich in allernächster Zeit keine dramatische Verschärfung der sicherheitspolitischen Situation in Ost- und Südosteuropa ergibt) zu keiner entscheidenden Weiterentwicklung der GASP gelangen. Verbesserungen des Entscheidungsverfahrens sowie organisatorische und institutionelle Reformen der GASP werden fürs erste nicht sehr viel bringen. Aber jede Weiterentwicklung der GASP verbessert die Ausgangssituation dafür, daß, wenn doch der Handlungswille in den Mitgliedstaaten der EU entstehen sollte (weil auf Grund der nicht auszuschließenden Entwicklung der Lage der Handlungsbedarf unabwendbar werden könnte), zu gegebener Zeit eine funktionierende GASP schneller organisiert werden kann.

Die Entwicklung der EU/WEU zu einer europäischen Ordnungsmacht ist eine mittelfristige Perspektive. Bis es dazu kommt bzw. kommen könnte, bedarf es auch kurzfristiger Maßnahmen zur Erhöhung der Stabilität und Sicherheit im europäischen Zwischenraum. Hiefür bietet sich die begrenzte Erweiterung der NATO an; sie würde jene Zeit verschaffen, die die EU noch braucht, um ihrerseits auch eine militärische handlungsfähige Organisation zu sein (oder eine zu haben). Im Sinne der Entwicklung einer europäischen Ordnungsmacht für Krisenmanagement, Konfliktverhütung und allfällige militärische Intervention in Kriegs- und Konfliktgebieten zur Wiederherstellung der Ordnung, müßte die Konzeption einer gemeinsamen Sicherheitspolitik der EU (sowohl im Falle des Ausbaues der zweiten Säule, als auch in dem der Stärkung der WEU) auf eine weitgehende Deckungsgleichheit EU (und WEU) und europäische NATO-Partner hinauslaufen. Die neuen EU-Mitglieder werden wohl über kurz oder lang vor der Entscheidung über die NATO-Mitgliedschaft stehen, damit sie der WEU angehören können, was wiederum wichtig ist für die Möglichkeit der EU, eine Sicherheits- und Verteidigungspolitik über die WEU organisieren zu können.

Auf längere Sicht gesehen liefe diese Konzeption darauf hinaus, daß ein sicherheitspolitisch und militärisch kooperierendes Westeuropa imstande wäre, in der eigenen Region als Ordnungsmacht auch hinsichtlich militärischer Maßnahmen auftreten und wirken zu können. Das würde die Wirkungsmöglichkeiten von Organisationen kooperativer und kollektiver Sicherheit, also der OSZE und der UNO, keineswegs beeinträchtigen; ganz im Gegenteil: Das Vorhandensein einer handlungsfähigen (und handlungswilligen) Ordnungsmacht würde in vielen Situationen die Bereitschaft, sich der Dienste der OSZE zu bedienen bzw. sich den – soferne vorhanden – Empfehlungen und Entschließungen der UNO zu fügen, entscheidend erhöhen.

Da dies aber noch seine Zeit brauchen wird, ist die NATO unverzichtbares Element europäischer Sicherheit für diese Übergangsphase bis zur Herausbildung eines gemeinsamen europäischen Handlungswillens.

Warum die Systeme kollektiver Sicherheit nicht funktionieren

Nachdem zuvor dargelegt wurde, daß und weshalb die EU durchaus eine sicherheits- und verteidigungspolitische Organisation – und damit die erstrangige europäische Ordnungsmacht – werden könnte, soll in diesem Exkurs auch begründet werden, warum die Zielsetzung eines Systems kollektiver Sicherheit für Europa jenseits aller politischen Planbarkeit liegt und – leider – in den Bereich des Wunschdenkens und nicht in den der Sicherheitspolitik gehört.

Unter dem Begriff „Kollektive Sicherheit" versteht man allgemein eine auf dem Völkerrecht (vertragliche Vereinbarung) beruhende internationale Ordnung, deren Schutz einer internationalen Staatenorganisation übertragen ist, wobei die individuelle Gewaltanwendung in den internationalen Beziehungen den einzelnen Staaten untersagt (außer im Falle der Verteidigung gegen Aggressoren), die Gewaltanwendung vielmehr der Staatenorganisation selbst im Sinne der Bewahrung oder Wiederherstellung von Frieden und geordneten Verhaltnissen übertragen ist. In der aktuellen sicherheitspolitischen Diskussion wird darunter ein System verstanden, in dem im Rahmen einer weitgehend allumfassenden Zugehörigkeit von Staaten auf globaler oder auf regionaler Ebene die individuelle Gewaltanwendung verhindert werden soll, indem der Friedensbrecher durch gemeinsames Verhalten der anderen am Friedensbruch gehindert oder für diesen bestraft bzw. der rechtmäßige Zustand wiederhergestellt wird.

In gewisser Hinsicht kann das System kollektiver Sicherheit als Versuch angesehen werden, einen Ersatz für das (verlorengegangene) Machtgleichgewicht (balance of power) des Großmächtesystems des 19. Jahrhunderts zu finden. Nach dem Ersten Weltkrieg trachtete man, ein System kollektiver Sicherheit im Völkerbund zu institutionalisieren. Trotz kleinerer Erfolge bei Streitigkeiten unter Kleinstaaten scheiterte es letztlich am Verhalten der Großmächte. Bei der Gründung der Vereinten Nationen im Jahre 1945 hatte man ein verbessertes System kollektiver Sicherheit organisieren wollen. Man vermeinte, der Umstand, daß der Völkerbund keine Zwangsgewalt hatte und militärische Aktionen nicht anordnen konnte, wäre ein entscheidender Mangel gewesen. Deshalb sollte der Sicherheitsrat auch militärische Zwangsmaßnahmen ergreifen können, indem die Mitglieder der Vereinten Nationen verpflichtet sind, dem Sicherheitsrat Streitkräfte zur Verfügung zu stellen, indem weiters ein Generalstabsausschuß zur Führung der Streitkräfte vorgesehen war und indem schließlich das („naturgegebene“) Recht auf individuelle oder kollektive Selbstverteidigung nur so lange gelten sollte, bis der Sicherheitsrat entsprechende Maßnahmen trifft. Der Sicherheitsrat, dem die Hauptverantwortung für die Verfahren zur friedlichen Beilegung von Streitigkeiten zufällt, hat in Fällen der Friedensgefährdung oder der bereits eingetretenen Verletzung der Friedenspflicht durch Friedensbruch bzw. Aggression die Befugnis, zwingende Anordnungen zu treffen, an die die Mitglieder gebunden sind. Er kann auch militärische Maßnahmen ergreifen und die Mitglieder sind rechtlich verpflichtet, den Vereinten Nationen über Verlangen des Sicherheitsrates militärische Ressourcen zur Verfügung zu stellen.

Soweit die Theorie, die davon ausging, daß jeder Staat ein hinlängliches Interesse daran haben müßte, einem Aggressor entgegenzutreten oder jedenfalls einen solchen nicht zu unterstützen und die internationale Ordnung aufrechtzuerhalten. Man ging also davon aus, daß der Sicherheitsrat im Ernstfall entsprechende Zwangsmaßnahmen beschließen würde. Die Erfahrung hat jedoch gezeigt, daß das allgemeine Interesse an der Aufrechterhaltung der internationalen Ordnung bei den im Sicherheitsrat vertretenen Mächten nicht ausreichend vorhanden ist und insbesondere dort relativiert ist, wo eigenes Engagement erforderlich wäre. Dazu kommt noch der Umstand, daß die internationale Ordnung global nicht gleichermaßen anerkannt ist und teilweise als „ungerecht“ empfunden wird.

Hinsichtlich der Möglichkeit des Funktionierens eines solchen Sicherheitssystems gilt es auch zu bedenken, daß die dafür verantwortliche Staatenorganisation (Vereinte Nationen) keine eigenständig handlungsfähige Institution mit eigener Autorität auf Grund von Souveränitätsübertragungen der Mitglieder an sie ist, sondern daß sie eben nur einen von den Mitgliedern abgeleiteten Willen hat. Eben darin aber besteht das Dilemma internationaler Organisationen, denn die Übertragung des Schutzes der kollektiven Sicherheitsordnung an eine (universelle oder regionale) Staatenorganisation ohne Eigenbestimmung im Sinne einer den Mitgliedern übergeordneten Willensbildung hat eine entscheidende Voraussetzung für ihr Funktionieren: Es ist immer der gemeinsame Handlungswille der Mitglieder – zumindest der Großmächte – im Sinne der Zielsetzungen der kollektiven Sicherheit erforderlich. Eine solche Erwartung entspricht aber nicht der Wirklichkeit des Zusammenlebens der Staaten. Ohne diesen gemeinsamen Handlungswillen bleiben die zur Setzung der Maßnahmen berufenen Organe (Sicherheitsrat, Generalstabsausschuß) entweder inaktiv oder setzen nur unzureichende Maßnahmen.

So teilt das kollektive Sicherheitssystem der Vereinten Nationen weitgehend das Schicksal des Völkerbundes: Es funktioniert nicht.

Und das wird auch für die absehbare Zukunft so sein, denn so bestechend einfach das Konzept der kollektiven Sicherheit nämlich ist (die Teilnehmer verpflichten sich, die Integrität der anderen Mitglieder zu respektieren, auf Gewalt zu verzichten und im Aggressionsfall dem Angegriffenen zu Hilfe zu kommen, um den Status quo ante wiederherzustellen), so basiert seine Logik doch auf Prämissen, die in einer Welt souveräner Staaten unrealistisch sind. Wie sollte in jedem Falle ein Konsens zustande kommen, ob eine Aggression vorliegt, wer der Aggressor ist. ob der Angegriffene beistandswürdig ist, welche Machtmittel eingesetzt werden bzw. welche angemessen sind, wer wieviele Truppen zur Verfügung stellt, wer wieviel der Kosten trägt? Werden die einen sich an den Maßnahmen beteiligen, obwohl ein anderer Teil „aussteigt", und werden die einen dann die Anteile und Kosten der anderen übernehmen, würden sich also quasi Gutmütige finden, die die Last der „Trittbrettfahrer" übernehmen? Aber ist es dann noch ein kollektives System, wenn einige wenige die Hauptlast tragen? Das müßten aber die Mächtigsten sein, weil nur diese über genügend Machtmittel verfügen; warum aber sollten die Mächtigsten, die auch allein stark sind, die kollektiven Lasten übernehmen, außer im Falle ihrer Führerschaft im System - und dann wohl zu ihren Bedingungen, was u. a. hieße, Maßnahmen dann zu ergreifen, wenn sie es wollen (z. B. USA im Kuwait-Irak-Krieg). Wenn es aber nicht immer, nicht für und gegen alle wirkt, dann ist ein kollektives Sicherheitssystem reine Spekulation.

Ob wir wollen oder nicht, wir müssen wieder zur NATO zurück, wenn wir ein realistisches Sicherheitssystem für Europa anstreben.

9. Die NATO als Gegengewicht zur Renationalisierung der Sicherheitspolitik in Europa

Die NATO ist in erster Linie als ein Bündnis kollektiver Selbstverteidigung konzipiert. In der Zeit des Ost-West-Konfliktes diente sie als nordamerikanisch-westeuropäisches Bündnis der Verteidigungsfähigkeit des freien Europa gegen die Sowjetunion, wobei die USA die Hauptlast der Verteidigungsanstrengungen zu tragen hatte und die glaubhafte atomare Abschreckungsfähigkeit bewirkte. Die eigentliche Aufgabe war die der Abschreckung der Sowjets vor Abenteuern, die einen „Dritten Weltkrieg" auslösen konnten.

Für andere, begrenzte Aufgaben – wie z.B. die derzeitige Ordnungs- und Überwachungsaufgabe in Bosnien – war die alte NATO nicht gedacht. Wenngleich zu ergänzen ist, daß die NATO keine rein militärische Organisation war und ist. Lediglich in ihrer allerersten Phase, von 1949 bis 1955 kann man sie als ein rein militärisches Bündnis bezeichnen. Seither hat sie sich aber zu einer politischen Organisation entwickelt, deren zivile Komponente in mancher Hinsicht bedeutsamer ist als die militärische. Die NATO fördert in vielfältiger Weise die Zusammenarbeit ihrer Mitglieder; die Themenpalette reicht beispielsweise schon seit Jahrzehnten bis hin zum Umweltschutz.

Die politische Funktion der NATO war die Begrenzung des sowjetisch-russischen Einflußbereiches in Europa bzw. die Verhinderung eines weiteren Vormarsches der Sowjetunion. Es ist zweifelhaft, ob die westeuropäischen Staaten alleine dazu imstande gewesen wären; vom wirtschaftlichen Potential her und auf Grund ihrer militärischen Möglichkeiten wären sie dazu natürlich in der Lage gewesen, denn Westeuro-

Die Organisationsstruktur der NATO

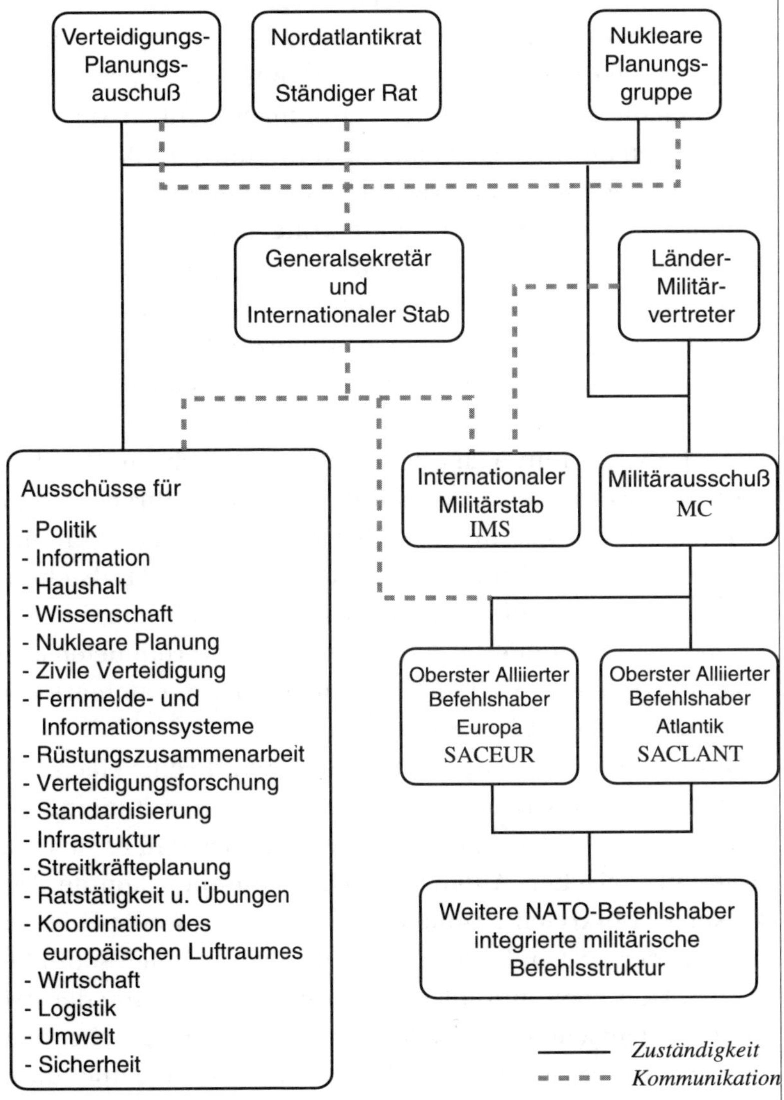

GRAFIK GERALD GASCHLER

pa war nach der Bevölkerung und insbesondere nach der Wirtschaftskraft und dem technologischen Entwicklungsstand der Sowjetunion deutlich überlegen. Aber es fehlte der Wille zu gemeinsamem Handeln, und die europäischen Westmächte waren noch dem Großmachtdenken verhaftet; sie dachten an Gleichgewichts- und Bündnispolitik, nicht nur gegen die Sowjets sondern auch gegeneinander. Die NATO hat hier eine gravierende Veränderung gebracht, die von den Menschen noch immer nicht so recht begriffen worden ist, denn sie hat Hegemonialkämpfe unter den europäischen Mächten oder gar kontroverse Allianzbildungen einzelner von ihnen gegen andere verhindert, gleichsam die westeuropäischen Länder voreinander geschützt.

Die USA, die unumgängliche Führungsmacht im Bündnis, hatte großes Interesse daran, daß die Sowjets ihren Einflußbereich in Europa nicht weiter ausdehnen konnten und formte so dieses Bündnis, das unter anderem die Entstehung weiterer Atommächte in Europa (außer Großbritannien und Frankreich) verhinderte, den europäischen Verbündeten aber doch ein gewisses Maß an Mitsprache über die atomare Planung durch die NATO vermittelte.

Durch die Einbindung Deutschlands wurde eine eigenständige Rolle dieses Landes verhindert. Die enge Bindung der Briten an die USA trug ein Übriges dazu bei, daß es nicht zu innereuropäischen Allianzbildungen kommen konnte. Der Versuch Frankreichs, Sonderwege zu gehen, weil es die Dominanz der USA in Europa nicht akzeptierte, blieb sohin begrenzt. Und eben in Konsequenz dieser Einbindung der Briten und Deutschen blieben schon geographisch gesehen einfach zu wenige Spielmöglichkeiten für eine Machtpolitik in (West-)Europa übrig.

Der militärische Aufbau der NATO

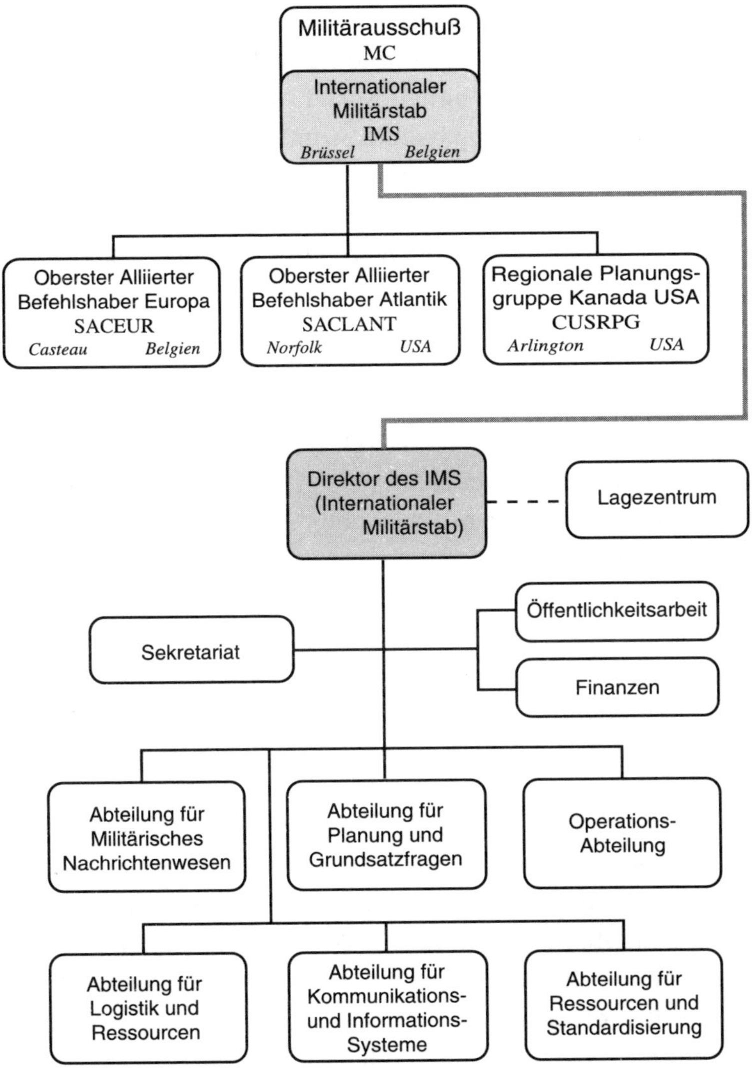

GRAFIK GERALD GASCHLER

Die öffentliche Meinung in den USA war – trotz des amerikanischen Interesses an der Begrenzung des sowjetischen Einflusses in Europa – von einem Dauerengagement am Alten Kontinent keineswegs einhellig begeistert. Gründe dafür lagen nicht nur in den hohen Kosten, sondern vor allem auch in der Sorge, in europäische Streitigkeiten hineingezogen und dadurch vielleicht wieder in einen Krieg verwickelt zu werden; denn nichts anderes als Involvierung in (unnötige) Kriege bedeutete europäische Politik in den Augen vieler Amerikaner.

Die NATO war ein reines Verteidigungsbündnis

Deshalb wurde aus der NATO kein traditionelles Militärbündnis sondern eine ganz neue Qualität eines Defensivbündnisses: Es wurde auf Basis der Charta der Vereinten Nationen errichtet.

Nur, wenn – und solange – die Vereinten Nationen im Falle eines rechtswidrigen Angriffes (auf die NATO oder eines ihrer Mitglieder) keine geeigneten Maßnahmen (im Sinne der kollektiven Sicherheits des Kapitels VII der Charta) ergreifen würden, sollte die NATO selbst die militärische Verteidigung gewährleisten. Da die Vereinten Nationen zu einem Vorgehen gegen das Sicherheitsratsmitglied Rußland nicht imstande gewesen wären, hat sich die NATO auch nicht darauf verlassen, sondern eigene militärische Strukturen geschaffen. Aber es gilt festzuhalten, daß sie ein reines Verteidigungsbündnis war, weder dazu bestimmt, noch in der Praxis dazu konzipiert, selbst etwa die Sowjets bzw. den Warschauer Pakt anzugreifen. (Darin liegt der große – von Teilen der österreichischen Politik bis heute nicht zur Kenntnis genommene –

qualitative Unterschied zwischen den beiden Militärpakten des Kalten Krieges.)

So hatte die NATO – im Verein mit der EWG/EG bzw. EU, die ihrerseits diese Entwicklung wohl den durch die Existenz der NATO geschaffenen Bedingungen in Westeuropa verdankt – eine Zone friedlicher Kooperation in Westeuropa schaffen können, die gleichzeitig auch die Ausdehnung sowjetischen Einflusses verhinderte.

War die NATO nun in erster Linie ein Verteidigungsbündnis gegen Osten oder war sie primär eine Organisation der kollektiven Sicherheit in Westeuropa mit der Kernaufgabe der Pazifizierung (West-)Deutschlands, was darauf hinauslaufen würde, daß der Verteidigungsfall – wie gelegentlich behauptet wird – nicht als eine realistische Aufgabe angesehen wurde (zumindest seitens der USA wohl nicht mit dem Verteidigungsfall gerechnet worden war)?

Der militärische Aufwand rechtfertigt allerdings die Annahme, daß die Vorbereitung auf den Verteidigungsfall als effektive Aufgabe angesehen wurde. Eine andere Frage ist freilich die, ob die NATO im Falle einer konventionellen Kriegsführung wirklich funktioniert hätte. Die Vorbereitung auf die konventionelle und nukleare Kriegführung erbrachte aber jene abschreckende Wirkung, auf der die Stabilität in der Zeit des Kalten Krieges beruhte; sie war nur durch das große Engagement der USA in Europa gegeben, da im Hinblick auf das atomare Patt auch für die Sowjets ein Angriff auf Westeuropa aus Eigeninteresse nicht in Frage kam und der Krieg letztlich als nicht führbar, weil nicht gewinnbar, erachtet wurde.

Die NATO hat eine gewisse Hegemonie der USA über Westeuropa bewirkt, Hegemonialbestrebungen der westeuropäischen Mächte unterdrückt und den Hegemonialbereich der Sowjetunion in Europa begrenzt. Möglicherweise konnte dieser Zusammenhalt der westlichen Mächte – als Basis der Militärallianz, die das Sowjetimperium in Schach hielt – nur unter dem Aspekt der gesamthaften Bedrohung des Westens, also der nicht nur militärischen und politischen sondern auch ökonomischen und gesellschaftlichen Herausforderung seitens der kommunistischen Sowjetunion, erreicht werden. Nach dem Wegfall dieser umfassenden Bedrohung ist auch das Bedürfnis an der Sicherung des Zusammenhalts der westeuropäischen Länder deutlich schwächer geworden.

Das militärische Erbe der NATO in Europa ist im Bereich der Kommandostrukturen, der Infrastrukturen, der Erfahrungen und Kenntnisse hinsichtlich Zusammenarbeit, Standardisierung und Homogenisierung, weltweit immer noch einmalig.

Nach wie vor erfüllt die NATO wichtige Funktionen, auch wenn ihr die eigentliche „offizielle" Hauptfunktion als Verteidigungsbündnis im Moment abhanden gekommen zu sein scheint und sich deshalb die Sinnfrage bzw. zumindest die Frage nach der Weiterentwicklung stellt. Solange die NATO mit ihren (und auf Grund ihrer) kräftigen Strukturen weiter existiert, verhindert sie den Rückfall in die vollständige Renationalisierung der Sicherheitspolitik der Westeuropäer und erschwert die Machtpolitik im gesamten europäischen Raum, insbesondere, weil sie mit Deutschland jene europäische Macht einbindet, die sowohl wegen ihrer wirtschaftlichen Bedeutung als auch hinsichtlich ihrer geographischen Lage derzeit wahrscheinlich als einziges westeuropäisches Land eine effektive Macht- und Bündnispolitik in Osteuropa betreiben könnte.

Die NATO stellt auch nach wie vor eine gewisse militärische Rückversicherung für ihre Mitglieder dar und bietet die Basis für eine allfällige Rückkehr stärkerer US-Kräfte nach Europa für den Fall einer Änderung der Lage; die NATO bleibt das sicherheitspolitische Bindeglied USA-Westeuropa und gibt der USA eine Mitwirkungsmöglichkeit in der europäischen Politik. Man kann es auch so ausdrücken: Der weitgehende militärische Rückzug der USA aus Europa erweckt den Anschein, als handle es sich bei der NATO um ein Bündnis mit Reservefunktion; es hat seinerzeit funktioniert und hat nach wie vor funktionsfähige Strukturen; so etwas wirft man nicht leichtfertig weg.

Stabilisierungsfaktor für ganz Europa

Solange die NATO existiert und unter einer Führungsstruktur integrierte Streitkräfte besitzt, erfüllt sie in geopolitischer Hinsicht nach wie vor ihre alten Funktionen zumindest teilweise. Das gilt nicht nur für die Einbindung Deutschlands sondern es gälte auch im Falle einer NATO-Osterweiterung hinsichtlich der Begrenzung russischen Einflußbereiches. Die Aufnahme beispielsweise der sogenannten Visegrad-Länder (Polen, Tschechien, Slowakei, Ungarn) in die NATO, von Ländern also, die unzweifelhaft zur westlichen Zivilisation und in einem durchaus hoffnungsvollen Prozeß zur Neuorientierung zu westlichen Werten befindlich sind, brächte eine Stabilisierung Zentraleuropas und damit einen entscheidenden Beitrag zur Stabilisierung ganz Europas mit sich. Ein „westliches" Zentraleuropa würde die Ausstrahlung des Westens auf Osteuropa noch weiter erhöhen und es würde jedenfalls den Einflußbereich der Russen begrenzen. Die vorsichtige Osterweiterung der NATO würde auch zur Stabilität des Verhältnisses der westeuropäischen Mächte untereinander beitragen, weil eine fixe Einbindung der mitteleuropäischen Länder in das westliche Militärbündnis zwar Deutschlands Position innerhalb der NATO verändern bzw. verbessern würde, gleichzeitig aber auch die Voraussetzungen für eine eigenständige deutsche Macht- und Interessenspolitik im Osten entscheidend verringert. Ebenso würde einer möglichen kooperativen Mittel- und Osteuropapolitik Rußlands mit Deutschland der Boden entzogen.

Angesichts der Integration deutscher Streitkräfte in multinationale Korps bzw. in die NATO-Organisation und im Hinblick auf das deutsche Engagement in der Europäischen Union, in der WEU und für die NATO-Osterweiterung, sind die Befürchtungen wegen einer neuen deutschen Großmachtpolitik im gegenwärtigen Zeitpunkt derzeit unbegründet. Aber auch wenn Deutschland gar nicht beabsichtigt, den Weg zu einer Großmachtrolle einzuschlagen, so könnte allein die Existenz einer solchen theoretischen Möglichkeit Beiträge zur Destabilisierung in Europa leisten.

Deutschland ist nach der Wiedervereinigung nach Bevölkerung und Wirtschaftskraft eindeutig der bedeutendste westeuropäische Staat und hat nach dem Kollaps der Sowjetunion neuen Handlungsspielraum im Osten und Südosten, was der Spekulation über die künftige Rolle Deutschlands Tür und Tor öffnet. So ist die Präsenz der USA in Europa für manche (z.B. für Vaclav Havel) eine Notwendigkeit, um nicht der künftigen Hegemonie Deutschlands ausgesetzt zu sein (und zugleich auch dafür, von späteren russischen Ambitionen verschont zu bleiben). Für manche Südosteuropäer hingegen ist (ein erstarkendes) Deutschland die Hoffnung auf ein kontinentales Gegengewicht zu Rußland, da man Deutschland mehr Interesse an Zentraleuropa und dem Balkan beimißt als den Amerikanern. Das trifft auch für Polen zu, wo die Angst und Abscheu vor Deutschland etwa ebenso groß ist wie die Hoffnung, durch die Kooperation mit Deutschland der russischen Hegemonie entzogen zu sein.

Eine entscheidende Komponente für die Weiterentwicklungsmöglichkeiten des Bündnisses, das ja als atlantisches konzipiert ist und die Gemeinschaft USA-Westeuropa ausdrückt, ist selbstverständlich die Interessenlage der USA an und in Europa. Auf Grund der Vorstellung, die die USA selbst von ihrer globalen Führungsrolle für die demokratischen Länder haben – als Vorkämpfer für Werte wie Demokratie und Menschenrechte – bleibt ein prinzipielles Interesse an Europa zumindest vorläufig weiter bestehen und die NATO ist dabei der Anker der europäischen und atlantischen Stabilität. Die definitiven Interessen der USA an und in Europa werden sich schließlich nicht nur aus der weiteren Entwicklung Rußlands und den daraus resultierenden Möglichkeiten strategischer Kooperation mit diesem Land ergeben, sondern auch aus der Entwicklung in Ostasien; sie werden also konkret von der Rolle Chinas und Japans mitbestimmt werden, wobei amerikanische Politik traditionell dazu neigt, China zu überschätzen. Globale amerikanische Zielsetzungen werden durch Kooperation und Interessensausgleich mit verschiedenen Partnern zu erreichen versucht werden, wobei die Entwicklung der chinesisch-russischen wie der russisch-japanischen Beziehungen eine wesentliche Rolle spielen wird. Die USA wird für ihre globalen Wirkungsmöglichkeiten auch in Zukunft politisch-militärische Bündnisse benötigen, warum also nicht die NATO?!

10. Zur heutigen Situation der NATO – ein globales oder regionales Bündnis

Die NATO ist, wenngleich sich die konkreten alten Funktionen verändert haben, nicht funktionslos geworden, sondern in der Phase einer Neuorientierung. Nach ihrer bisherigen Konzeption ist sie nicht dazu berufen, die Aufgaben einer regionalen Ordnungsmacht für Europa zu erfüllen und begrenzte regionale oder lokale Befriedungsaktionen und Interventionen im Rahmen eines gesamteuropäischen Sicherheitssystems durchzuführen. Die – häufig so genannte – Sinnkrise der NATO fordert zur Erörterung ihrer künftigen Aufgaben heraus, unabhängig von ihrer allfälligen Erweiterung.

Als die künftigen Aufgaben wurden insbesondere die Bewahrung der Werte westeuropäischer Zivilisation, also insbesondere der Demokratie und der Herrschaft des Rechtes, sowie die Aufrechterhaltung des Friedens in Europa, die Erhaltung der Stabilität im Westen (Bewahrung von Frieden und Sicherheit im Innenverhältnis der westeuropäischen Länder) sowie die Stabilitätsförderung in ganz Europa und die Beibehaltung der zentralen Funktion der Fähigkeit zur kollektiven Selbstverteidigung (wenn doch noch einmal nötig) genannt. Zur Erhaltung dieser Fähigkeiten wäre eigentlich nichts Konkretes zu veranlassen (außer den allenfalls geplanten Abbau von NATO-Strukturen zu unterlassen). Denn in weitgehender (europabezogener) Deckungsgleichheit mit der EU bleibt die NATO nach wie vor ein westeuropäischer Stabilisator und im Falle der Rückkehr eines aggressiven Rußland könnte sie wahrscheinlich mit aktiver amerikanischer Beteiligung auch wieder die alte Funktion aus der Zeit des Kalten Krieges als abschreckendes Verteidigungsbündnis ausüben. Nur bleibt eben der europäische Zwischenbereich – also insbesondere die Visegrad-Länder – einem ungewissen Schicksal überlassen. Daß diese Länder ihr Schicksal gerne „gewisser" gestalten würden (EU/NATO-Integration), ist ebenso selbstverständlich, wie es global gesehen als nicht wesentlich erscheinen mag (obwohl diese „Wetterzone" die internationalen Beziehungen durchaus einmal entscheidend beeinträchtigen könnte). Die verständliche Verärgerung der Mittel- und Osteuropäer, die durchaus zu einer kritischen bis negativen Stimmung gegenüber den USA und den Westmächten führen könnte, ändert diesen Umstand nicht.

Primär hat die NATO eine global-strategische Dimension

Entgegen der regional anmutenden Bezeichnung Nordatlantikpakt war und ist die NATO wegen der dominanten Rolle der USA primär in einer global-strategischen Dimension zu sehen, wäre doch der Kriegsschauplatz Europa der entscheidende mit der größten Waffen- und Truppenmassierung der Geschichte gewesen. Ist ein global orientiertes Militärbündnis der geeignete Lösungsansatz für die europäischen ordnungspolitischen Aufgaben zur Bereinigung der Sicherheitsprobleme der Osteuropäer? Da die USA die unbestreitbare Führungsrolle im Bündnis innehat, wäre es dazu wohl auch erforderlich, daß sich die USA selbst als Ordnungsmacht zur Bewältigung ost- oder südosteuropäischer Konflikte versteht.

Nach dem Abkommen von Dayton gibt es nun zwar eine regionale Ordnungs- und Pazifizierungsaktion der NATO in

Bosnien, die nicht ausschließlich von europäischen NATO-Truppen, sondern mit massiver direkter Beteiligung von US-Truppen, ja geradezu unter US-Führung stattfindet. Daraus kann man aber noch kein dauerndes Direktengagement der USA in europäischen Konflikten ableiten. Der Konflikt in Bosnien war auf Grund der zivilisatorischen Streitkomponente dieses multikulturellen Landes und des Interesses Moskaus bzw. seiner Einsatzbereitschaft für die serbische Seite besonders anfällig für eine nicht mehr begrenzbare internationale Eskalation. Das amerikanische Engagement für eine Bosnien-Lösung muß wohl eher darin gesehen werden, weitere aus dem Bosnien-Krieg weltweit wirksame Konflikte zu verhindern. Daraus kann aber nicht gefolgert werden, daß beabsichtigt ist, eine permanente europäische Ordnungsaufgabe zu übernehmen, zu der die EU nicht imstande war.

Die Reservefunktion der NATO

Durch die veränderte Konstellation seit 1989/90 ist der aktuelle Wert des europäischen NATO-Elements zwar strategisch gesunken. Man sollte aber davon ausgehen, daß die NATO aus Sicht der USA auch weiterhin als global wirksamer Ordnungsfaktor erhalten bleiben soll; in ihrem Rahmen würden einerseits die Europäer ebenso prinzipiell die USA in ihren weltweiten Aktivitäten im Sinne der Aufrechterhaltung einer gemeinsam gewollten Weltordnung unterstützen müssen, wie anderseits die USA den europäischen Bündnispartnern Rückendeckung zu geben hätte. Die NATO wäre – jedenfalls in ihrer Gesamtheit – weiterhin das Bündnis für den Fall der Fälle, nicht aber das Bündnis für routinemäßige, begrenzte Einsätze im Rahmen des peace-keeping, peacemaking und peace-enforcement im Sinne regionaler Ordnungsaufgaben. Dazu müßte sie ihre Strukturen erst an diese Aufgabenstellung anpassen.

Die NATO hat aber über eine Reservefunktion hinaus für den Fall der Wiederkehr einer neuen Art der Ost-West-Konfrontation auch ein Entwicklungspotential, weil sie eine nach wie vor funktionstüchtige und ausgezeichnet ausgestattete Militärorganisation ist – und zwar die einzige in Europa.

In der heutigen Zeit eines geradezu dramatischen Abbaus militärischer Ressourcen in Europa kann man davon ausgehen, daß auf absehbare Zeit der Aufbau neuer militärischer Organisationen aus finanziellen Gründen unwahrscheinlich ist. Die wirklich einschneidenden Kürzungen der Verteidigungsbudgets der westeuropäischen Staaten, verbunden mit Truppenreduzierungen in Größenordnungen bis zu 50 %, verweisen die Gedanken an den Aufbau neuer Militärorganisationen in Europa in den Bereich der Illusionen. Auf absehbare Zeit wird nur aus dem Vorhandenen eine Weiterentwicklung erfolgen können, und vorhanden sind die NATO und die EU (plus WEU).

Ein neuer europäischer Pfeiler innerhalb der NATO

Im Zusammenhang damit, daß die Programme der Partnership for Peace mit den NATO-Partnern auch verschiedene Ausbildungs- und Zusammenarbeitsprogramme in peacekeeping und Katastrophenhilfe vorsehen, scheint eine offene Situation über die Weiterentwicklungsmöglichkeit der NATO in Europa gegeben.

Die europäische „Verteidigungsidentität“ wird also in absehbarer Zeit – wenn überhaupt – innerhalb der NATO stattfinden. Die jüngste Änderung in der Orientierung der französischen Sicherheitspolitik Anfang 1996 ist ein bezeichnender Hinweis dafür: Das auf seine eigenständige Rolle und die Begrenzung des US-Einflusses in Europa so sehr bedachte Frankreich, das der militärischen Organisation der NATO weitgehend fernblieb und sich am stärksten für den Ausbau einer europäischen Verteidigungsidentität und die Belebung der WEU (Westeuropäische Union, in der die USA nicht Mitglied ist) engagierte, hat eine allmähliche Wiederannäherung an die NATO vollzogen. Dieser Annäherungsprozeß gipfelte in der Aussage des Staatspräsidenten Chirac bei seinem Besuch in Washington, wonach die europäische Sicherheits- und Verteidigungsidentität nicht außerhalb der NATO geschaffen werden könne.

Wie bereits dargelegt, ist die Entwicklung der EU zu einer Verteidigungsorganisation nur als eine längerfristige Perspektive aufzufassen, weshalb kurzfristig einzig die NATO als Basis für eine europäische (militärische) Ordnungspolitik bleibt. Diese Basis wäre nicht die NATO als Gesamtheit, sondern ein neu zu bildendes Element innerhalb der NATO, die dadurch zweidimensional wird: Eine der beiden Dimensionen ist die globale. Und eine Ebene darunter erhält die NATO dann eine regional-europäische Dimension für nicht-strategische Aufgaben, die primär von den europäischen Mitgliedern gelöst werden müßten (mit unterschiedlicher, vom Anlaßfall abhängender Unterstützung durch die USA). – Eine der wichtigsten internen Aufgaben der NATO in den nächsten Jahren wird deshalb darin bestehen, die institutionellen und politischen Konsequenzen zu erkunden, die mit der Errichtung dieses neuen europäischen Pfeilers innerhalb des transatlantischen Bündnisses verbunden sind, wozu auch die Festlegung der künftigen Rolle der WEU und des Euro-Korps gehört.

Warum die USA (und Kanada) dieser Entwicklung letztlich zustimmen werden, liegt auf der Hand: Auch die USA braucht einen Partner für ihre Interessenswahrnehmung in der Welt, weil selbst sie eben nicht alles im Alleingang bewältigen kann.

Unter diesen Aspekten ist die Frage der NATO-Erweiterung auch eine Weichenstellung für die mögliche Weiterentwicklung des Bündnisses in Richtung einer (auch-)europaorientierten Ordnungsmacht. Die Maßnahmen zur Reform der NATO weisen ganz eindeutig in diese Richtung.

11. Die neue Aufgabe durch die Reform der NATO

Die grundlegenden Veränderungen sowohl der politischen als auch der militärischen Rahmenbedingungen in Europa (und darüber hinaus auch weltweit) sind natürlich nicht spurlos an der NATO vorbeigegangen. Sie war sich seit der Zeit des großen Umbruches voll bewußt, daß sie ihre Strukturen der neuen Situation anpassen muß und hat dies auch in ihren Gipfelbeschlüssen von London (1990) und Rom (1991) festgelegt. Seitdem befindet sie sich in einem Transformationsprozeß, auf den später noch einzugehen sein wird.

Parallel zum Transformationsprozeß der NATO muß aber auch die Entwicklung der Europäischen Union beachtet werden. Mit dem Vertrag von Maastricht über die Europäische Union 1991 haben deren Mitglieder ihre gemeinsame Außen- und Sicherheitspolitik (GASP) geschaffen. Freilich, man weiß noch nicht so recht, was dabei heraus kommen wird, aber immerhin ist es eine politische Zielsetzung und die Mitglieder der europäischen Union gingen davon aus, daß aus der gemeinsamen Außen- und Sicherheitspolitik eines Tages eine gemeinsame Verteidigungspolitik und sogar eine gemeinsame Verteidigung entstehen könnte.

Insbesondere aber ist im Zusammenhang mit der Errichtung der Europäischen Union (EU) zu beachten, daß die Westeuropäische Union (WEU) zu einem zentralen Bestandteil der Entwicklung der EU wurde: Sie wurde zum militärischen Agenten der Europäischen Union erklärt. Seitdem gibt es auch kräftige Lebenszeichen aus der Westeuropäischen Union mit der Zielsetzung, sie tatsächlich zu einer handlungsfähigen militärischen Organisation (was sie bisher noch nicht ist) zu machen.

Die Westeuropäische Union hat nun eine Doppelfunktion. Einerseits soll sie die Verteidigungskomponente der Europäischen Union darstellen bzw. sich im Laufe der Zeit dazu entwickeln können und zum anderen soll sie innerhalb der NATO der gestärkte *europäische Pfeiler* derselben sein.

Diese militärpolitischen Entwicklungen sind von der Öffentlichkeit relativ wenig beachtet worden bzw. ist zumindest dieses Zusammenspiel EU-WEU-NATO nicht allzusehr im Bewußtsein der öffentlichen Meinung verankert gewesen. Die öffentliche Meinung hat sich vielmehr isoliert mit den einzelnen Entwicklungen beschäftigt und hiebei natürlich feststellen müssen, daß die Entwicklung innerhalb der EU zu einer Verteidigungsgemeinschaft keine wesentlichen Fortschritte macht. Sieht man das ganze jedoch im Zusammenhang, so muß man zumindest seit 1994 eine beachtliche Entwicklung feststellen, weil damals der NATO-Gipfel (Brüssel) übereingekommen ist, sogenannte Combined Joint Task Forces (CJTF) zu schaffen, um der neuen Aufgabenstellung Rechnung zu tragen. Um die Bedeutung dieser Entwicklung würdigen zu können, muß man sich die Ausgangssituation in Erinnerung rufen.

Frankreichs Wiederannäherung an die NATO

Die grundsätzlichen Auffassungsunterschiede über die Rolle der NATO bestehen zwischen der USA einerseits und Frankreich andererseits. Frankreich hat nie akzeptiert, daß die USA de facto über die NATO eine militärische und somit auch in gewisser Hinsicht eine politische Führungsrolle in

Europa spielt. Deshalb hat sich Frankreich als Protest gegen seine gegenüber der USA geringerwertige Rolle unter der Präsidentschaft de Gaulles 1966 aus der Militärorganisation der NATO zurückgezogen und gehörte faktisch nur noch zur politischen Organisation der NATO.

Frankreich hat sich in deutlich höherem Maße als andere europäische Länder um die Beibehaltung militärischer Souveränität bemüht, indem es seine Atomstreitkräfte laufend weiter zu entwickeln versuchte und seine strategischen Seestreitkräfte nicht vernachlässigte. Auch die französische Rüstungsindustrie versuchte autonom zu bleiben, kooperierte aber gerade zu diesem Zweck mit den europäischen Partnern.

Frankreichs gegenwärtige Wiederannäherung an die NATO ist insbesondere unter dem Aspekt der Herausbildung einer europäischen Identität in der Verteidigung zu sehen, also in dem vorhin erwähnten Zusammenspiel der Entwicklung neuer Strukturen der NATO, des Ausbaues der Strukturen der Westeuropäischen Union und der Kooperation innerhalb der Europäischen Union. Nach wie vor aber stehen die Interessen Frankreichs gegen die der USA, denn die USA ist selbstverständlich weiterhin an ihrer eigenen führenden Rolle innerhalb der Allianz interessiert. Aber da die USA nicht gewillt ist, in alle europäischen Probleme involviert zu werden, kann sie sich eine gewisse Verselbständigung Europas in der Sicherheitspolitik heute besser als früher vorstellen. Die weitere Auseinandersetzung über die Strukturen der Combined Joint Task Forces (CJTF) ist somit das Tauziehen über das Ausmaß europäischer Selbständigkeit innerhalb der NATO mit dem nach wie vor gegebenen amerikanischen Führungsanspruch.

Den neuen Aufgaben der NATO seien hier nur kurz einige Bemerkungen zu den alten Aufgaben vorangestellt. Der zeitgeschichtlich nicht belegte aber immer wieder kolportierte Ausspruch des ersten NATO Generalsekretärs Lord Ismay „To keep the Russians out, the Americans in and the Germans down" war gleichsam die Umschreibung für ein ganzes Programm: Westeuropa vor russischem Einfluß oder gar Besetzung zu schützen, das amerikanische Engagement in Europa zu erhalten und dadurch Rivalitäten unter den europäischen Mächten zu unterbinden und Deutschland – dem man halt noch nicht so recht traute – in eine Konzeption so einzubinden, daß es keine eigenständige Machtpolitik betreiben konnte. Diese Aufgaben der NATO aus der Zeit der Ost-West Konfrontation gelten noch immer weiter, unter anderem deshalb, weil man noch nicht sicher sein kann, daß von Rußland nie wieder eine militärische Bedrohung für Europa ausgehen wird.

Auf Grund der neuen Gegebenheiten in Europa sollte die NATO aber in Zukunft zwei neue Funktionen erfüllen können: Erstens „Krisenfeuerwehr" als neue Hauptaufgabe und zweitens osteuropäische Ordnungsaufgaben wahrzunehmen.

Bedeutender Reformschritt: Combined Joint Task Forces

Diese neuen Aufgaben kann die NATO mit ihren alten Strukturen, die auf die Abwehr eines sowjetischen Angriffes abgestellt waren, nur sehr begrenzt erfüllen und ist auf Grund der alten Strukturen für die neuen Operationen nicht recht geeignet. Deshalb hat man Combined Joint Task Forces (CJTFs) vorgesehen, die als ad hoc Kommanden für verschiedene Operationen außerhalb des NATO-Gebietes (sogenannte out of area-Interventionen) zusammengestellt werden und zwar für Zwecke des sogenannten peace keeping, also Erhaltung des Friedens, oder auch für friedenschaffende oder friedenerzwingende Operationen. Sie basieren auf der integrierten Struktur der NATO, sind aber modifiziert bezüglich jenen Nationen, die an einer konkreten Operation tatsächlich teilnehmen und Truppen stellen wollen. Das heißt, daß solche Operationen zwar im Rahmen der NATO stattfinden sollen und sich auf die integrierte Struktur der NATO abstützen können, aber nicht von der NATO als ganzer durchgeführt werden müssen.

Über zwei Jahre haben die Differenzen (insbesondere) zwischen der USA und Frankreich über Fragen, wie die der Lozierung von CJTF-Oberkommanden, die genauen Bestimmungen über die Bildung von CJTFs und die Rolle des Oberkommandierenden NATO-Europa (SACEUR), ein Übereinkommen verhindert. Die Probleme sind noch nicht alle gelöst aber immerhin ist ein enormer Fortschritt zur Weiterentwicklung der NATO darin zu erblicken, daß die USA militärische Operationen der Europäer mit NATO-Kräften unter WEU-Führung akzeptiert haben. Wenn der NATO-Rat zustimmt, kann die WEU friedenserhaltende, humanitäre oder friedenschaffende Missionen außerhalb des Bündnisgebietes unternehmen und Ausrüstung sowie Unterstützung der NATO benützen bzw. erhalten. Die Konzession an die USA war die, daß das alles eben innerhalb der NATO passieren soll und, daß letztlich doch keine europäischen Aktionen ohne ihre Zustimmung stattfinden.

Bei den CJTFs geht es nicht um territoriale Verteidigung in geschlossenen Gebieten der NATO sondern um spezifische Aktionen, an denen einzelne Länder mehr und andere weniger interessiert sind. Die besonders interessierten Länder sollen eine gemeinsame Streitkraft zusammenstellen, die sich im Rahmen der NATO bildet und die Strukturen der NATO verwenden kann. Letzteres betrifft insbesondere auch die Ressourcen der USA. Konkret meint man solche Aktionen, an denen zwar die europäischen NATO-Mitglieder, nicht aber die USA selbst, besonders interessiert sind. Das wären Ordnungsaufgaben der NATO in Europa, für die die Europäer selbst verantwortlich sind und daher auch zur Tat schreiten und die USA (und Kanada) sich nicht selbst mit Truppen beteiligen, wohl aber ihre überlegene militärische Infrastruktur im Bereich der Logistik und Fernaufklärung zur Verfügung stellen. Solche Aktionen könnten unter dem Kommando der Westeuropäischen Union im Rahmen der NATO stattfinden.

Es würde zu weit führen auf die verschiedenen Konzepte und Probleme bei der Entwicklung der neuen Kommandostrukturen einzugehen. Es soll jedoch der Hintergrund der neuen Entwicklung der NATO aufgzeigt werden.

Wie bereits ausgeführt ist das (französische) Ziel der NATO-Reformen innerhalb der NATO eine europäische Handlungsfähigkeit zu schaffen. Für den Fall, daß dies möglich ist, stellt Frankreich seine vollständige Rückkehr in die integrierte Militärstruktur in Aussicht. Das Ziel ist also eine gewisse europäische Autonomie innerhalb der NATO. Das bedeutet ein Zurückdrängen des Einflusses der Amerikaner. Diese waren deshalb anfänglich auch sehr skeptisch bzw. ablehnend gegenüber solchen Vorstellungen. Es hat immerhin zweieinhalb Jahre gedauert, bis man sich beim NATO-Ministerrat im Juni 1996 in Berlin auf Grundsätze über die CJTFs geeinigt hat. Zwar muß ein Konzept über die konkrete Ausführung erarbeitet werden und abgesehen von der theoretischen Einigung über ein Konzept für die Realisierung der CJTFs ist damit natürlich noch nicht gesagt, wie sich dieses dann in der Praxis bewähren wird.

Aber der momentane Fortschritt in der Debatte über die CJTFs ist optisch beeindruckend: Frankreich kann argumentieren, daß die europäische Identität innerhalb der NATO wächst. Deutschland kann behaupten, daß die europäische Integration weitergeht, weil es ja zu einer größeren Verschränkung NATO-WEU (dem Militäragenten der Europäischen Union) kommt und Großbritannien kann darauf hinweisen, daß es sich um eine pragmatische Weiterentwicklung der europäischen Verteidigungsstruktur handelt, sodaß sich die EU selbst nicht weiter integrieren muß. Die USA schließlich kann mit den erzielten Ergebnissen insoferne leben, als ja für europäische Ordnungsaufgaben die Europäer selbst zuständig sein würden, was zwar auf einen gewissen Rückgang der amerikanischen Vorherrschaft innerhalb der NATO hinausläuft, dafür aber auch eine Verringerung der amerikanischen Verantwortung für die europäischen Angelegenheiten und vor allem auch eine Reduzierung ihrer finanziellen Belastungen für die USA verspricht.

Natürlich erwachsen aus dieser Entwicklung gute Chancen zur stärkeren Profilierung der Westeuropäischen Union. Letztlich aber muß man sich bewußt sein, daß es nicht auf Organisationen und Organisationsreformen ankommt, sondern auf den politischen Willen zu gemeinsamem Handeln. Und an dem mangelt es innerhalb der WEU noch viel mehr als in der NATO. Auch beim Zustandekommen der IFOR (Implementation Force) für den Bosnien-Einsatz der NATO war es am Ende amerikanischer Handlungswille und nicht europäischer, der diese Aktion zur Befriedung des derzeit aktuellsten Brandherdes in Europa bewirkte. Die Entwicklung der CJTFs ist aber auch in gewisser Weise ein Zeichen dafür, daß man sich auf gemeinsame Aktionen neuer Art einstellen will. Eigentlich ist die IFOR schon die erste Combined Joint Task Force und die Erfahrungen, die dabei gemacht werden, werden wohl die Weiterentwicklung entscheidend beeinflussen.

Wie realitätsbezogen die NATO-Reform fortschreitet, zeigt auch der Umstand, daß bei den Berliner Beschlüssen vom Juni 1996 die Außenminister auch die Einsetzung einer neuen politischen Koordinierungsgruppe beschlossen haben, deren Aufgabe es sein soll, politische und militärische Standpunkte – vor allem bei den neuen Aufgaben der NATO – enger zu koordinieren, damit die Mitgliedsländer der NATO nicht vor vollendete Tatsachen gestellt werden. Auch dann, wenn die europäischen Mitglieder der NATO und der WEU zu einem ausreichenden politischen gemeinsamen Handlungswillen für eine europäischen Aktion gelangen, muß die USA bei allen Mitgliedern der NATO mit einer Aktion einverstanden sein, ob sie sich selbst beteiligen will oder nicht; somit hat die USA natürlich auch ein ständiges Veto gegen europäische Aktionen.

Wechselseitiges Verhältnis Europa–USA erforderlich

Warum soll eigentlich die USA größere militärische Beihilfen für Aktionen der europäischen Partner gewähren, wie Lufttransport, Satellitenaufklärung und Planungskapazitäten, eventuell gar die Überlassung und Beistellung von Kampfmitteln, von denen die Europäer keine oder zu wenig haben?

Neben der Überlegung, daß ja die in Summe reicheren Europäer sich solche Mittel auch selbst verschaffen könnten, bleibt ja auch die Überlegung, daß man nicht weiß, was aus begrenzten regionalen Aktivitäten werden kann. Aus einer nicht gut überlegten oder nicht gut durchgeführten Aktion im Rahmen der Krisenfeuerwehr kann unter Umständen die Initialzündung für eine Krise entstehen, die über den regionalen Ursprung in globale Dimensionen hinauswächst. So wird sich die USA aller Wahrscheinlichkeit nach, von Fall zu Fall sowohl ihr Einverständnis vorbehalten, ob es überhaupt eine Aktion im Rahmen der NATO geben kann, als auch das Ausmaß der Unterstützung festzulegen.

Damit das ganze tatsächlich funktioniert, das heißt, damit die europäischen NATO-Partner zugleich eine Art europäische Ordnungsmacht bilden und auf die volle amerikanische Unterstützung rechnen können, wird es wohl umgekehrt auch einer Unterstützung der Europäer für die Amerikaner bei deren globalen Aktivitäten geben müssen. Warum sollte das reiche Europa zwar seinerseits die USA zur Mithilfe für eigene Aktionen in Anspruch nehmen, aber umgekehrt sich vornehm heraußenhalten, wenn es um Probleme in anderen Weltgegenden geht, die die internationale Ordnung erschüttern bzw. neue Machtverhältnisse zu Ungunsten des Westens schaffen könnten? Die Europäer ihrerseits müßten etwa zumindest für Aktionen im Bereich Naher-Osten und Mittlerer-Osten bereitstehen und im Falle des Falles sich an direktem militärischen Einsatz beteiligen. Schwer zu sagen, ob die Europäer in absehbarer Zeit dazu tatsächlich bereit wären, denn Europas Politikern fehlt derzeit die Einstellung, sich mit weiter entfernten Bedrohungen zu befassen, die auch einmal die eigene Situation negativ beeinflussen könnten.

Tatsache ist jedenfalls, daß Westeuropäer und Amerikaner wechselseitig aufeinander angewiesen sind, sowohl wenn es um Ordnungsaufgaben in Europa geht als auch im Hinblick auf die globale internationale Sicherheitsordnung; wen außer Westeuropa hat denn die USA, wenn sie zwecks Bewältigung globaler Herausforderungen im Sinne westlichzivilisatorischer Werte zur vertrauenvollen Zusammenarbeit einen strategischen Partner sucht? Wenn also die Vernunft obsiegt, müßte es irgendwann doch zur Erneuerung der strategischen Partnerschaft USA-Westeuropa kommen und der Rahmen dafür ist die reformierte NATO.

Sowohl die Reform der NATO als auch generell die europäische Sicherheitsarchitektur benötigen zweifellos eine neue Verteilung der Aufgaben zwischen Europa und der USA. Will Westeuropa das Bündnis mit der USA aufrechterhalten, so wird es auch seinerseits die amerikanischen globalen Interessen zur Kenntnis nehmen müssen. In dieser Hinsicht wird sich die NATO unabhängig von der Errichtung der CJTFs reformieren und generell auf die neue Situation einstellen müssen. Das heißt weniger Kommanden, schlankere Stäbe und größere Flexibilität. Die Frage der Osterweiterung der NATO wird ganz allgemein ebenfalls mehr an flexiblen Streitkräften und Unterstützungskräften verlangen, weil eine Stationierung von NATO-Truppen in den allenfalls aufzunehmenden osteuropäischen Ländern gegenwärtig nicht sehr realistisch erscheint.

12. Die NATO im Hinblick auf die Osterweiterung

Bei der NATO-Erweiterung geht es um die Festlegung der neuen Machtverhältnisse in Europa, deren markanteste Punkte – solange es keine sicherheitspolitisch handlungsfähige EU gibt – der Stellenwert und die Rolle Deutschlands, die Präsenz und das Engagement der USA in Europa und die Rolle Rußlands, sein Status als Weltmacht oder nur als regionale Macht, sind. Im eigenen Interesse, den politischen Westen nach Osten zu verschieben, ist Deutschland der Promoter der Osterweiterung, während Rußland diese zu verhindern bzw. zu verzögern trachtet, um den Raum eigener Wirkungsmöglichkeiten möglichst groß zu halten. Die US-Politik befindet sich in einem Umorientierungsprozeß, der Schwankungen unterliegt, die regelmäßig Resultate der Innenpolitik sind. Freilich spielen auch strategische Aspekte eine Rolle für die US-Positionen zur NATO-Erweiterung, aber ob sie oder ob interne Faktoren bzw. Kostenschätzungen und interne Überlegungen des Nutzens schließlich den Ausschlag für die letztlich entscheidende US-Politik geben wird, bleibt noch abzuwarten.

Strategische Perspektiven zur NATO-Osterweiterung

Zur Beurteilung strategischer Aspekte für politische Entscheidungen hat sich die US-Politik seit jeher in höherem Maße als etwa hierzulande üblich, der Politikberatung bedient. Speziell in einer Frage wie der NATO-Erweiterung können sicherheitspolitische Studien und Analysen wertvolle Hilfestellung geben; das gilt für das Prinzip (ob oder ob nicht), wie für Ausmaß und Zeitpunkt im Zusammenhang mit dem Verteidigungskonzept und der Militärstrategie der NATO. Zentrale Punkte der Bewertung werden die Möglichkeit für Sicherheitsgarantien und die Abschätzung der Risiken sein. – Eine interessante Entscheidungshilfe für die US-Regierung fußt auf einer Studie der Rand-Corporation *(Ronald D. Asmus, Richard L. Kugler, F. Stephen Larrabee, NATO-Expansion: The Next Steps, in: Survival vol. 37, No. 1/1995).* Darin wurden drei Varianten der Erweiterung untersucht, die auch die strategische Dimension der NATO-Osterweiterung sehr gut beleuchten:

Die erste Variante zeigt eine „evolutionäre“ Erweiterung: Die Grundannahme ist die, daß die ostmitteleuropäischen Länder in erster Linie wirtschaftliche und politische Probleme haben, zu deren Lösung die EU am besten geeignet ist. Über den EU-Beitritt wird die Sicherheits- und Wirtschaftsintegration harmonisiert. Die EU bestimmt das Tempo. Allerdings entsteht auch das Problem der „Verpflichtung durch die Hintertür“, indem EU-Mitglieder zwar der WEU aber nicht der NATO beitreten könnten, dennoch über die Beistandspflicht ihrer NATO-Partner in der WEU den Mechanismus der Beistandsverpflichtung des NATO-Vertrages auslösen könnten! (Was allerdings leicht vermeidbar wäre, wenn die WEU-Mitgliedschaft de facto von der gleichzeitigen NATO-Mitgliedschaft abhängig gemacht würde.)

Die zweite, strategisch-politische, Variante ging von der Förderung der Stabilität in Ostmitteleuropa aus: Ein Teil der Beitrittskandidaten wird nach ausschließlich von der NATO festzulegenden Kriterien in relativ kurzer Zeit (3–5 Jahre) aufgenommen. Das US-Engagement in Europa bleibt bestehen. Problematisch bleibt die Behandlung nicht aufgenommener Kandidaten (insbesondere der Balten) und die Entwicklung der Beziehungen zu Rußland.

In der dritten Variante wurde die Erweiterung als strategische Antwort auf ein mögliches Ende der demokratischen Experimente in Rußland beschrieben, wobei die NATO in Wartestellung verbleiben kann, bis Rußland wieder eine militärische Bedrohung für Mitteleuropa darstellt. Diese Variante hätte zwar den Vorteil, die Beziehungen zu Rußland nicht zu beeinträchtigen, dafür aber den Nachteil großer Ungewißheit der Entwicklung in Europa. Rußland würde die Entwicklung bestimmen, und der Westen würde sich de facto wohl mit den neuen Machtverhältnissen abfinden müssen.

Die Alternative wäre eine sicherheitspolitische Grauzone

Die Frage der Osterweiterung betrifft aber nicht nur die Neuordnung der Machtverhältnisse in Europa, sondern wirft auch gewichtige Fragen über die Funktionsfähigkeit der NATO hinsichtlich ihrer Kernfunktion, der gemeinsamen Verteidigung, auf. Durch die Erweiterungsfrage wird auch die Frage der Neustrukturierung der Verteidigungskooperation zwischen der USA und Westeuropa verschärft, wodurch überhaupt die kollektive Verteidigungsfähigkeit in Frage gestellt werden könnte. So brächte eine die – noch funktionsfähige – NATO unterhöhlende Osterweiterung weder den Alt- noch den künftigen Neumitgliedern sicherheitspolitische Vorteile. Jedoch würde die fortdauernde Beschränkung der kollektiven Verteidigung und Beistandspflicht auf das bisherige Vertragsgebiet diese wohl zum Erodieren bringen, da das Vertragsgebiet auf voraussehbare Zeit keiner Aggression ausgesetzt erscheint. Die Osterweiterung würde das relativieren, da Aggressionen dann eher möglich erscheinen (aber warum sollte man das anstreben?), was die Beistandspflicht realistischer erscheinen ließe.

In dieser etwas kompliziert anmutenden Überlegung spiegelt sich die wirkliche Sinnkrise der NATO wider. Auf den Punkt gebracht heißt das: Das derzeitige NATO-Gebiet erscheint auf absehbare Zeit (wegen der gegenwärtigen Schwäche Rußlands) keinen direkten ernstzunehmenden militärischen Angriffen ausgesetzt; das wirkt sich allerdings erfahrungsgemäß so aus, daß die Bereitschaft zum Zusammenhalt nachläßt. Der NATO bleibt eigentlich nur die Reservefunktion für die Wiederkehr der alten Ost-West-Konfrontation. Das wird sie aber langfristig nicht zusammenhalten und sie steht dann einer vielleicht später wiederkehrenden Bedrohung nicht als geschlossenes Bündnis gegenüber. Die Osterweiterung brächte zwar mehr Sinn für die Erhaltung der Verteidigungsfähigkeit, weil Neumitglieder einer Aggression stärker ausgesetzt sein könnten, was die Sinne für für potentielle Bedrohungen wachhielte und potentielle Bedrohungen von vornherein ausschlösse. Werden aber die – gleichfalls geringer werdenden – Ressourcen für diese erweiterte Verteidigungsausgabe ausreichen? Wenn nein, so bedeutet das, daß die bisherige Glaubwürdigkeit der NATO-Verteidigung untergraben würde. Die Lösung dieser Problematik ist verblüffend einfach: Ein Verteidigungsbündnis muß das verteidigen, was gefährdet sein kann. Das sind nach ihrer Eigeneinschätzung die Reformländer des ehemaligen Osteuropa.

Aus der Sicht dieser Länder (und wohl überhaupt aus der gesamten mitteleuropäischen Interessenslage) müßte es deshalb eine NATO-Erweiterung mit voller Verteidigungsfähigkeit geben. Kann aber bei der Erweiterung keine vollständige Beistandsverpflichtung (Sicherheitsgarantie) für die Neumitglieder abgegeben werden (weichere Form der Mitgliedschaft) oder ist es überhaupt so, daß die Beistandsverpflichtung gegenüber den Neuen von den alten Mitgliedern nicht so ernst genommen, jene von diesen eher als den Altbestand sicherndes Glacis betrachtet würden, so würde auch das zu einer Relativierung der Beistandsverpflichtungen generell führen.

Ohne Osterweiterung könnte das Umfeld der NATO in Mittelost- und Osteuropa instabil bleiben und ein Gebiet konkurrenzierender Einflußsphären werden. Es kann schwerlich im NATO-Interesse liegen, wenn Ostmitteleuropa eine sicherheitspolitische Grauzone bleibt.

Das Problem der Osterweiterung ist ohne politisch-strategischen Schaden nicht mehr abzuweisen. Aus dieser Gegebenheit wäre die Konsequenz zu ziehen, daß die NATO-Reform so konzipiert wird, daß daraus eine überzeugende Lösung für die mitteleuropäischen Länder hervorgeht.

Mittel- bis längerfristig gesehen ist die Osterweiterung der NATO auch nicht als Beeinträchtigung der russischen Interessen zu werten, soferne Rußland auf dem Weg zur Demokratie bleibt. Denn die künftigen Gefahren sowohl für Rußland selbst als auch für den überwiegenden Teil der GUS bzw. deren enge Bindung an Rußland werden nicht von Europa ausgehen sondern von Ostasien und Südasien. Rußland wird eines Tages auf die Kooperation mit Europa angewiesen sein, um seine Interessen in Fernost zu verteidigen. Die durch die NATO-Osterweiterung erwartbare Stabilität Zentraleuropas ist keine schlechte Voraussetzung für diese spätere Kooperation.

13. Die Argumente in der Erweiterungsdebatte

Die Argumentation für und wider die Erweitung der NATO muß vor dem Hintergrund der jeweiligen Absichten und Zielsetzungen gesehen werden bzw. sind die Argumente oft erst im Zusammenhang mit der Motivation verständlich.

Absicht und Zielsetzung

Politische Absichten und die Verfolgung von Interessen werden häufig mit politischen Analysen vermengt. Diese Vermengung politischer Motivation und sicherheitspolitischer Analysen erfolgt häufig so, daß ein zentrales Problem als die zu lösende Frage vorausgesetzt wird. Die Aspekte und Implikationen der NATO-Erweiterung werden dann daran bewertet, wie sie sich auf die Lösung des (vermeintlich) zentralen Problems auswirken. Und schon hat man das gewünschte Ergebnis.

Wenn als zentrales Problem die Gestaltung einer gesamteuropäischen Friedensordnung unter Einschluß des eurasischen Rußland angesehen wird, wobei die Einbindung Rußlands in einer von diesem akzeptierten Art und Weise vorzunehmen ist, dann ist das Ergebnis der Bewertung der NATO-Erweiterung schon im voraus klar: Die Erweiterung kann zur neuen Konfrontation mit Rußland führen, sie fördert innerrussische antiwestliche Reflexe und würde eine Zementierung neuer Ost-West-Konfliktstrukturen heraufbeschwören. Da nicht alle osteuropäischen Länder sogleich aufgenommen werden können, würden die nicht aufgenommenen Länder wieder unter den Einfluß Moskaus geraten. NATO-Erweiterung wäre der Rückfall in Denkkategorien des

Kalten Krieges und Europa würde wieder in Machthemisphären aufgeteilt.

So widerspräche die NATO-Erweiterung nicht nur Rußlands Interessen sondern auch denen des Westens: Eine neue Teilung Europas und neue Konfrontationen können nicht im Interesse westlicher Staaten liegen. Die Unterstützung des russischen Reform- und Transformationsprozesses durch Vermeidung von Ansätzen zu einer Isolierung Rußlands einerseits und die Festigung der Entwicklung zu Demokratie und Marktwirtschaft in den osteuropäischen Reformländern durch deren EU-Integration anderseits, erscheinen als ausreichende Alternative zur NATO-Erweiterung.

Solche Überlegungen, ausgehend vom zentralen Lösungsansatz der Schaffung einer Rußland einbindenden gesamteuropäischen Friedensordnung, haben aber eine entscheidende Schwachstelle: Westliche Beeinflussungsversuche der Entwicklung in Rußland sind nämlich relativ bedeutungslos und die innerrussische Entwicklung ist ebensowenig berechenbar wie Rußlands künftiges Verhalten in den internationalen Beziehungen.

Eine derartige gesamteuropäische Friedensordnung mit dem Kern einer Einbindung Rußlands ist in der Realität durch den Westen gar nicht planbar und liegt außerhalb der Umsetzungsmöglichkeiten. Die Erwartung, daß Rußland von sich aus auf die Bildung eines neuen bzw. eines erweiterten Hegemonialbereiches verzichten würde, ist durch nichts außer durch Wunsch und Hoffnung begründet bzw. begründbar. Auch die alte Demokratie USA verzichtet nicht auf Einflußzonen und Vorherrschaftsbereiche. Diese variieren je nach Lage und Möglichkeiten. Warum sollte das für Rußland anders sein?

Andere zentrale Ansätze zur Beurteilung der NATO-Erweiterung sind die der Weiterentwicklung der Allianz und die der inneren Kohäsion der Allianz. – Sie braucht neue Aufgaben, um zu überleben; die Osterweiterung könnte sinnstiftend sein. Hinsichtlich innerer Kohäsion kann die Erweiterung jedoch den Zusammenhalt der Allianz gefährden, die Zielsetzung verwässern. So wird gleichzeitig die Überlebensfähigkeit der NATO mit der Erweiterung begründet und im Gegenteil dazu behauptet, daß sie nur in der jetzigen Gestalt bestehen könne. Dabei muß freilich die jeweilige Aufgabe und Funktion, die man der NATO zugesteht, berücksichtigt werden.

Manche Argumente und Überlegungen für oder gegen die Osterweiterung sind verständlich im Hinblick auf die Absicht. Und sie mögen richtig sein, bezogen auf die jeweilige Art und Weise der Umsetzung spezifischer Vorstellungen und die Verfolgung spezifischer Interessen. Jedenfalls muß man das Interesse der großen und größeren Mächte erfassen, also insbesondere das der USA, wobei die innenpolitische Diskussion in diesem Lande für die NATO-Erweiterungsdebatte entscheidend sein kann und dann außenpolitische oder sicherheitspolitische Aspekte nicht mehr ausschlaggebend sein müssen.

Die komplexe Thematik der NATO-Osterweiterung verlangt nach komplexer Betrachtungsweise, anstatt einer an Details orientierten Argumentation. Eine zielführende Beurteilung setzt auch voraus, sich über die Aufgaben und Möglichkeiten der NATO in der Zukunft im Klaren zu sein. Für die NATO bedeutet die Frage ihrer Erweiterung vor allem eine strategische Entscheidung.

Die Debatte wird aber nur selten in ihrer geopolitischen Dimension geführt, sondern ist meist an einer politischen Motivation oder an der (zwangsbeglückenden) Vorstellung einer neuen europäischen Sicherheitsarchitektur orientiert. Manche Argumente stiften bloß Verwirrung, was gelegentlich Absicht ist, um politische Zielsetzungen zu fördern, deren Eingeständnis man als nicht opportun erachtet.

Ein Beispiel dafür, das zudem seiner Natur nach strategische Dimensionen berührt, liefern die Perspektiven folgender Argumente: Die NATO-Erweiterung kann nicht alle Reformländer Mittel-, Ost- und Südosteuropas auf einmal zu Mitgliedern machen; durch die begrenzte Erweiterung würde aber Rußland herausgefordert und dazu tendieren, die nicht aufgenommenen NATO-Interessenten als nicht im NATO-Schutzbereich liegend zu betrachten und versuchen, sie unter seine Herrschaft zu zwingen – die begrenzte Erweiterung also der Anlaß für eine solche Entwicklung, die überdies die Position der Nationalisten und Imperialisten in Rußland stärken würde.

Das Gegenargument dazu sagt, daß der Verzicht auf die NATO-Erweiterung – da dies als Rücksichtnahme auf Rußlands Interessen interpretiert würde – den Hardlinern in Rußland enormen Auftrieb gebe, weil es sich ja gezeigt habe, daß harte Politik gegen die NATO-Erweiterung erfolgreich sei; und das würde Rußland erst recht ermuntern, seinen Herrschaftsbereich mit aller Energie weiter auszubauen.

Gewiß, man kann beides argumentieren, aber es kann nicht beides stimmen.

Kontra Erweiterung

Es wäre eher verwirrend als hilfreich, auf die geradezu ausufernd-vielfältige Argumentation gegen die NATO-Erweiterung detailliert einzugehen, aber vor einer zusammenfassenden komplexen Bewertung der Aspekte der NATO-Erweiterung seien hier dem Gebot offener Diskussionskultur folgend, die wichtigsten im intellektuellen Meinungsspektrum der Erweiterungskritiker existenten Argumente zusammengefaßt (und zugleich kritisch bewertet):

- Es geht um die Errichtung einer europäischen Friedensordnung unter Einschluß Rußlands. Ein System kollektiver Sicherheit für Europa ist anzustreben. – *Beide Ziele sind nicht realistisch.*
- Die Stärkung der kooperativen Sicherheit, also der OSZE, muß Vorrang haben; die NATO-Erweiterung würde die Weiterentwicklung der OSZE schwächen und auch die Rüstungsbegrenzungs- und Abrüstungsvereinbarungen gefährden. – *Die OSZE kann keine Sicherheit erzwingen. Die Abrüstungsvereinbarungen kamen unter Druck und nicht durch Zurückweichen zustande. Die Beschränkungen des Vertrages über konventionelle Waffen in Europa (KSE) hält Rußland ohnehin nicht mehr ein, weil es im Kaukasus mehr Truppen benötigt und er wurde deshalb auf Druck Rußlands abgeändert.*
- Die Sicherheit der Osteuropäer wird durch die NATO-Erweiterung nicht erhöht, da die potentiellen Aufnahmewerber, wie Polen, Tschechien und Ungarn nicht bedroht sind, wogegen exponierte Länder, wie z. B. die baltischen Staaten nicht aufgenommen werden können und nach einer NATO-Erweiterung dann erst recht russischer Aggression ausgesetzt sein könnten. – *Der Erweiterungswunsch geht nicht vom Westen aus sondern von Osteuropäern – nicht heute, aber sie denken an die Möglichkeiten von morgen und übermorgen.*

- Die Osterweiterung bedeutet die Rückkehr zu alten Konfrontationsmustern und würde deshalb keine Stabilität und Sicherheit für Mittel- und Osteuropa bringen. – *Die Nichterweiterung schafft einen offenen Konkurrenzraum und brächte daher ein kritisches Stadium vermehrter Instabiliät.*
- Die NATO-Osterweiterung würde Rußlands Lebensraum eingrenzen, eine neue Trennlinie in Europa errichten und Rußland isolieren. – *Das flächengrößte Land der Welt kann man nicht isolieren und es wird auch keine Trennlinie geben, wenn Rußland eine offene Demokratie wird; wenn nicht, dann ist es besser, je weiter die Trennlinie im Osten liegt.*
- Anstelle der NATO-Erweiterung soll zuerst (oder nur) die EU erweitert werden, denn auch das bringt einen Zugewinn an Sicherheit, aber keine (oder zumindest weniger) Konfrontation mit Rußland. – *Darauf wird in einem späteren Kapitel eingegangen*
- Die Erweiterung stellt das Bündnis vor eine Zerreißprobe wegen der unterschiedlichen Interessen und Lagebeurteilungen. Dadurch sei der Bestand der NATO gefährdet. – *Die NATO kann einem Entscheidungsprozeß über ihre künftige Funktion nicht ausweichen; ohne Veränderungsbereitschaft würde sich das Bündnis jedenfalls totlaufen.*

Eine Vielzahl von Argumenten gegen die NATO-Erweiterung betrifft die (echte oder vermeintliche) Sorge um die Zukunft des Bündnisses; etwa, daß die NATO, je größer sie würde, desto uneffektiver sei, oder, daß die Verteidigungsgarantie verwässert würde, wenn sie (unrealistischerweise) auf weit entfernte Länder ausgedehnt würde. Auf diese Problematik wurde schon im vorhergehenden Kapitel eingegangen und festgehalten, daß die NATO – will sie im veränderten Umfeld weiter ihre Funktion erfüllen – sich weiterentwickeln muß und zwar mit und ohne Erweiterung! Aber viele Argumente gegen die NATO-Erweiterung lassen sich auch gegen die NATO selbst verwenden und manche Argumentation erweckt den Anschein, als wolle man es der NATO schwer machen. Mit etwas Zynismus könnte man manchem Kritiker folgende Denkhaltung unterstellen: In der Ost-West-Konfrontation hat Rußland Westeuropa nicht in die Knie zwingen können; deshalb sollte man ihm eine zweite Chance geben.

Jene Argumentation, die davon ausgeht, daß eine russische Aggression gegen mittel- und osteuropäische Länder von vorneherein unwahrscheinlich ist, müßte nicht nur gegen die NATO-Osterweiterung gelten, sondern die Daseinsberechtigung des Bündnisses selbst in Frage stellen, ja mehr noch: Wozu überhaupt Verteidigungsstrukturen aufrecht erhalten und weiterentwickeln, eine komplizierte Sicherheitsarchitektur entwerfen, wenn der potentielle Aggressor fehlt?

Manche Kritikpunkte sind ident mit den russischen Positionen; das kann man positiv auslegen (= Chance für gemeinsame Positionen) oder negativ (= Rußlands Interessen sind nicht die des Westens). Generell tendieren die Gegenargumente auf (zumindest) Verzögerung der Erweiterung, was jedenfalls im russischen Interesse liegt. Ähnlich verhält es sich mit der Behauptung, die NATO dürfe nicht an die russischen Grenzen heranrücken (um Rußland nicht herauszufordern), so, als ob Rußland nicht längst mit Norwegen eine NATO-Grenze hätte (und im Falle der Reintegration Armeniens auch eine mit der Türkei).

Viele Gegenargumente gehen auch davon aus, daß die friedenspolitischen Chancen zur Errichtung neuer Sicherheitsstrukturen genutzt und daß deshalb vollendete Tatsachen vermieden werden müßten. Eine Schwäche dieser Argumentation besteht jedenfalls darin, daß sie keine glaubwürdigen bzw. realistisch anmutenden Konzepte für den Fall des Scheiterns einer neuen idealistischen Friedensordnung anbieten kann.

Pro Erweiterung

Nun zur Argumentation für die NATO-Erweiterung. Auch hier soll auf die Vielzahl detaillierter Argumente verzichtet werden. Im Hinblick auf die geopolitischen und geostrategischen Möglichkeiten sei aber die historische Erfahrung in Erinnerung gebracht: Die NATO war und ist – allen kommunistischen Unkenrufen zum Trotz – ein reines Verteidigungsbündnis; sie hatte und hat keine aggressiven Zielsetzungen. Das NATO-Territorium war ein Bereich innerer Stabilität und ein geschützter Bereich nach außen.

Die NATO-Osterweiterung würde, indem sie den Allianzbereich vergrößert, die Grauzone des unsicheren und instabilen Zwischenraumes verkleinern und gleichzeitig den potentiellen künftigen Hegemonialbereich Rußlands in Europa und seine geostrategischen Möglichkeiten einengen.

Die Begrenzung des russischen Einflußbereiches in Europa sollte positiv gesehen werden. Wird Rußland tatsächlich eine Demokratie (was nicht von der NATO-Erweiterung abhängt) so braucht und will es ja keinen Hegemonialbereich, sondern würde in friedlicher Manier mit seinen Nachbarn zusammenleben, ohne diese dominieren zu wollen. Im anderen Fall sollte man die Ex-Warschauerpaktländer dem imperialistischen russischen Zugriff entziehen, solange es noch möglich ist. Seinerzeit wurden viele Krokodilstränen vergossen, daß man den Polen, Ungarn und Tschechen usw. leider nicht helfen, sie nicht aus der sowjetischen Herrschaft befreien könne, denn das hätte die Machtverhältnisse derart verändert, daß ein großer Krieg die unausweichliche Folge gewesen wäre – Stabilität hatte Vorrang vor Freiheit. Nun bietet sich die Chance beides zu gewährleisten: Freiheit und Stabilität.

Die geostrategische Einengung Rußlands durch die NATO-Erweiterung würde ja Rußland (bzw. zumindest dessen nationalistische und militaristische Kreise) nicht nur verärgern und provozieren, sondern auch in seinen späteren militärisch-operativen Möglichkeiten nachhaltig beeinträchtigen. Die wirtschaftliche Schwäche Rußlands wird zwangsläufig – wie erste Anzeichen bereits andeuten – auch Rückschläge für die militärischen Möglichkeiten des Landes bringen, was aber erst in fünf bis zehn Jahren deutlich sichtbar sein wird, wenn die Probleme, mit der technologischen Entwicklung Schritt zu halten, überhandnehmen. Somit würde Rußland durch die NATO-Erweiterung mittelfristig die Fähigkeit zu einer konventionellen Kriegsführung gegen Europa verlieren. (Die Absicht dazu soll nicht unterstellt werden. Wenn aber eine solche Unterstellung zurecht abwegig ist, Rußland also ohnehin keine aggressiven Absichten hegen sollte, dann ist die NATO-Erweiterung eigentlich unproblematisch.)

Schließlich und endlich soll bei allen Überlegungen zur Rücksichtnahme auf Rußland ein wichtiger Faktor nicht übersehen werden:

Im Bereich der ehemaligen Satelliten der Ex-Sowjetunion mag eine latente Instabilität festzustellen sein und gewiß gibt es hier auch durchaus gefährliche Spannungsfelder, aber: Das gewaltige, alles andere weit in den Schatten stellende Gefahrenpotential ist Rußland selbst; nirgends sonst gibt es eine solche Vielzahl ethnischer Probleme und Konflikte, Autonomie- und Sezessionsforderungen, Verfallserscheinungen durch Abdankung staatlicher Macht, hat der Verlust des staatlichen Waffenmonopols und der Verlust der Kontrolle über Teile der Streitkräfte solche Ausmaße angenommen, haben kriminelle Organisationen derart weitgreifende Kontrolle über die Wirschaft erreicht, ist die Desorganisation durch unvorstellbare Korruption so weit vorgedrungen. –

Zwei wesentlichen Gesichtspunkte realistischer Beurteilung sind folgende:

Zum einen ist zu beachten, daß wir uns vor der Entscheidung zwischen *Sicherheit vor Rußland* (insbesondere für die Osteuropäer) und *Sicherheit mit Rußland* nicht vorbeischwindeln können.

Und zum anderen sollte der Faktor Zeit nicht übersehen werden. – Wenn sich wieder Hegemonialbereiche im „Zwischeneuropa" bilden, dann wird vermutlich dessen Hegemonialbereich größer sein, der aktiv wird (und nicht dessen, der nur reagiert). – Versucht Rußland seinen Vorherrschaftsbereich als Reaktion auf die bereits im Gang befindliche NATO-Osterweiterung auszubauen, so steht es vor einem bereits eingeengten Feld; findet die NATO-Erweiterung aber erst als späte Reaktion auf den ersichtlichen Ausbau des russischen Vorherrschaftsbereiches statt, so ist umgekehrt der Wirkungsraum der NATO von vornherein eingeschränkt.

Schon der erste Schritt der NATO-Erweiterung würde einen wichtigen Beitrag zu Stabilisierung Europas leisten, denn die gegenwärtige Situation in Zentraleuropa ist durchaus nicht unproblematisch: Aus historischer Sicht sind Sicherheitsrisiken aus der Schwäche von Staaten und aus einem Sicherheitsvakuum entstanden. Ein solches finden wir derzeit in Zentraleuropa vor. Durch vage Unterstützungsversprechen, wie sie der Westen derzeit in aller Unverbindlichkeit in Aussicht stellt, läßt sich die Lage aber nicht stabilisieren. Die NATO-Mitgliedschaft der Reformländer würde aber eine sofortige Stabilisierung bewirken und eben auch Versuchen vorbeugen, diese Länder eines Tages wieder in den russischen Hegemonialbereich einzubeziehen.

Die NATO-Mitgliedschaft würde aber auch das Entstehen künftiger offener Konflikte, beziehungsweise die Involvierung der derzeitigen NATO-Aufnahmewerber in solche, äußerst unwahrscheinlich machen.

Die Stabilisierung Westeuropas nach dem Zweiten Weltkrieg (durch NATO, Marshall-Plan und EG) ist ein Modell für erfolgreiche Politik. – Ein Grund mehr, die NATO-Erweiterung auch im Zusammenhang mit der Erweiterung der EU zu sehen.

Nato-Erweiterung und EU

Verschiedene Überlegungen zielen auf eine möglichst weitgehende Identität der drei westlichen Organisationen NATO(Europa), EU und WEU ab, da die differenzierte Mitgliedschaft die Entwicklung einer westeuropäischen Verteidigungsidentität erschwert. Gingen einzelne politische Überlegungen früher davon aus, daß sich künftige NATO-Mitglieder über die EU-Mitgliedschaft qualifizieren sollten und die EU-Mitgliedschaft Voraussetzung für die NATO-Mitgliedschaft sein solle, so haben in der jüngeren Diskussion die Argumente an Gewicht gewonnen, die die NATO-Erweiterung als ersten Schritt vor einer EU-Mitgliedschaft sehen. Aus der historischen Erfahrung der erfolgreichen Stabilisierung Westeuropas nach dem Zweiten Weltkrieg durch NATO-Gründung, Marshall-Plan und EWG-Gründung zeigt sich, daß sicherheitspolitische und wirtschaftliche Stabilisierung Hand in Hand gehen müssen.

Die NATO-Erweiterung brächte zunächst eine sicherheitspolitische Stabilisierung, die durch ein zunehmend konkretisiertes EU-Erweiterungsprogramm gestützt werden soll. Mit einer frühen NATO-Erweiterung könnte die Zeit für die notwendige EU-Reform gewonnen werden, die wiederum eine Voraussetzung für die EU-Erweiterung ist.

Das Dilemma der EU besteht in der Frage Vertiefung und/oder Erweiterung und die EU wird – allen anderslautenden Beteuerungen zum Trotz – in allernächster Zeit keine weiteren Mitglieder aufnehmen können, jedenfalls nicht alle, die daran interessiert wären! Es wäre Illusion, zu glauben, daß die Integration der Osteuropäer in den Gemeinsamen Markt mit der Option einer Währungsunion in einigen wenigen Jahren vorbereitet und ausverhandelt sein kann.

Die EU braucht nicht nur etwas Zeit, um die letzte Erweiterung zu verdauen; sie ist vor allem institutionell nicht auf eine weitere Vergrößerung (auf 20 bis 26 oder gar 30 Mitglieder) vorbereitet (Unregierbarkeit), wie sie auch wirtschaftspolitisch (Schutz der Agrarmärkte, Stahlsubventionen u. a. m.) noch nicht auf die Osterweiterung eingestellt ist. Die Erweiterung läßt sich entweder nur zu einem sehr späten Zeitpunkt erreichen, oder es müßten für eine kurzfristige Erweiterung finanzintensive Politiken der EU (Agrarpolitik, Regional- und Strukturpolitik) sehr stark verändert werden, wofür sich keine Willensbildung abzeichnet. Aber sogar wenn eine wesentliche Änderung der bisherigen Politik hinsichtlich der geschützten Bereiche (insbesondere der Landwirtschaft) und der Verteilung der Förderungsmittel auf die weniger wohlhabenden Länder innerhalb der EU kurzfristig erreichbar wäre, so bleibt immer noch das Erfordernis einer strukturellen Reform, die die Handlungsfähigkeit auch nach der Erhöhung der Mitgliederzahl gewährleistet.

Mehr Sicherheit und Stabilität für Osteuropa durch die EU-Integration ist deswegen natürlich trotzdem ein zentrales Anliegen und wäre mit aller Anstrengung voranzutreiben; sie ist aber kein kurzfristig realisierbares Ziel. Die Verschärfung der russischen Großmachtambitionen und der Versuche dieses Landes, seinen Hegemonialbereich wieder energisch auszubauen, kann aber sehr wohl in einer kurzfristigen Zeitspanne erfolgen, bzw. hat dieser Prozeß bereits begonnen und hält sich bislang auf Grund der derzeitigen wirtschaftlichen Schwäche Rußlands noch in recht engen Grenzen.

Zuerst NATO-Erweiterung und später EU-Erweiterung

Wesentlich unproblematischer und einfacher als die EU-Erweiterung – als mittel- bis längerfristiges allgemeinpolitisches Ziel – wäre die NATO-Erweiterung, was auf den ersten Blick freilich nicht für jedermann klar ersichtlich sein kann. Freilich, auch ein NATO-Beitritt muß von allen Mitgliedsländern ratifiziert werden, die Streitkräfte müssen (bis zu einem gewissen Grad!) NATO-kompatibel sein und die politischen Strukturen sollen westliche Standards erreichen (was wahrscheinlich leichter erreichbar ist, als westliche wirtschaftliche Standards!); aber das ist alles in kurzer Zeit machbar, wenn man will.

Für die Vorgangsweise, zuerst NATO- und dann EU-Erweiterung, sprechen folgende Argumente:

- Die NATO-Erweiterung erscheint wesentlich leichter zu bewerkstelligen als die wirtschaftliche Integration der ehemaligen COMECON-Länder in die EU und zwar sowohl als politisch planbarer als auch als praktisch umsetzbarer Prozeß.
- Die NATO-Erweiterung gibt der USA eine wichtige Rolle in Europa, was für das Sicherheitsbedürfnis der ehemaligen Warschauer Pakt-(Zwangs)-Mitglieder von entscheidender Bedeutung ist.
- Die NATO-Erweiterung wäre eine gewisse Garantie dafür, daß sich die USA auch weiterhin in Europa engagiert.
- Eine Stabilisierung der Region Europa kann nur durch die NATO erfolgen.
- Der Sicherheitsgewinn der mittelosteuropäischen Reformländer durch die NATO-Mitgliedschaft würde diese noch attraktiver für westliche Investitionen machen, was der Wirtschaftsentwicklung (und der EU-Eignung) natürlich förderlich wäre.

Findet die NATO-Osterweiterung aber vorläufig nicht statt, weil der Westen Rußland nicht irritieren will, sondern vermeint, er könne den Prozeß zu Demokratie und Marktwirtschaft fördern und es kommt trotzdem zu keiner positiven Entwicklung in Rußland, so könnten sich dann sehr rasch konkrete (und allenfalls existentielle) Sicherheitsbedürfnisse der Reformländer ergeben. Eine Ruck-Zuck-NATO-Erweiterung zum Schutz dieser Länder zu einem Zeitpunkt, in dem bereits deutlich erkennbare aktive Maßnahmen Rußlands sichtbar sind, um weitere Länder in seinen Vorherrschaftsbereich zu zwingen, wird es dann aber sicher nicht geben. Dazu hat der Westen nicht genug kongeniale Entschlossenheit, wie es beispielsweise schon die seinerzeitigen Westmächte gegenüber Hitler nicht hatten.

Das muß nicht unbedingt so kommen, aber eine negative Entwicklung in Rußland muß zumindest als ebenso wahrscheinlich eingeplant werden, wie eine positive. Und für den negativen Fall scheint der Westen ziemlich konzeptlos dazustehen.

14. Geostrategische und geopolitische Aspekte der NATO-Erweiterung

Wenn man nun zu einer positiven Bewertung der NATO-Osterweiterung für die europäische Stabilität gelangt, so muß trotzdem die Frage der Realisierbarkeit der NATO-Erweiterung unter globalen Aspekten beurteilt werden. Dabei kommt der USA eine entscheidende Rolle zu, denn sie ist die globale Macht schlechthin und sie trägt die militärische Hauptlast der NATO. Die USA schien nach der Wende 1989/90 überrascht vom Wunsch der Osteuropäer nach dem NATO-Beitritt und ging dieser Frage mit Rücksicht auf die Sowjetunion bzw. auf Rußland lange aus dem Wege. Vielen Osteuropäern erschien diese US-Sicherheitspolitik realitätsfern, da sie von zu optimistischen Erwartungen hinsichtlich der Entwicklung in Rußland ausging und dem imperialistischen Denken in Rußland Vorschub leistete. Aus US-Sicht waren die Sicherheitswünsche Polens oder Ungarns freilich bedeutungsloses Kleingeld im Vergleich zur Spekulation auf die Beeinflussungsmöglichkeit eines großen Prozesses zur Entwicklung von Demokratie und Marktwirtschaft in Rußland und die erwartete Möglichkeit einer strategischen Kooperation mit diesem Land. Als Folge davon begann sich allmählich Enttäuschung über den Westen in den Reformländern zu verbreiten.

Gegen eine „überhastete Erweiterung"

Aus amerikanischer Sicht konnte man allerdings argumentieren, daß alles zu vermeiden war, was für den Prozeß der Wandlung Rußlands zu einem „normalen" Land negativ sei;

wäre dieser Prozeß erfolgreich, dann müßten sich die Osteuropäer ohnedies keine Sorge um ihre Sicherheit machen; wenn nicht, würde man zu gegebener Zeit Handlungsbedarf haben, nicht aber frühzeitig Gespenster an die Wand malen.

Der Hintergrund dieser Beurteilung besteht darin, daß die USA ihre strategische Herausforderung nur solange in Europa sah, solange die Sowjetunion stark war; das Interesse wendet sich den wirtschaftlichen und sicherheitspolitischen Herausforderungen durch Japan und China und damit dem Pazifik zu, wo längerfristig mit einer Zunahme der Konfliktintensität gerechnet wird, und das regionale Kräftespiel bei verminderter amerikanischer Präsenz komplexer und unberechenbarer wird.

Wenn die USA Rußland in Europa eine große Einflußzone zugesteht, so kann dies freilich auch zu einer Erschütterung der euro-atlantischen Beziehungen führen, was auch für die USA nicht unerheblich wäre. Wenn aber die NATO-Erweiterung bzw. deren Ausmaß die künftigen Einflußzonen festlegt bzw. begrenzt, so spielt sie natürlich auch eine entscheidende Rolle für die künftige Großmachtrolle Rußlands.

Die verschiedenen Überlegungen gegen die (zumindest gegen die „überhastete“) NATO-Erweiterung wegen einer Rücksichtnahme auf Rußland würden bezwecken, daß es keine allzu großen geopolitischen Veränderungen zuungunsten Rußlands gibt. Selbstverständlich ist es umgekehrt so, daß die Erhaltung bzw. die Wiedergewinnung der Rolle einer (globalen) Großmacht für Rußland durch die NATO-Erweiterung erschwert und hinsichtlich der Wirkungsmöglichkeiten begrenzt würde. So stellt sich die Frage, was der Westen eigentlich will, bzw. ob der Westen – das ist im wesentlichen die USA und die EU – noch eine ausreichende gemeinsame Interessensbasis hat.

Die Kooperation der Großmächte USA und Rußland erfolgt aufgrund gemeinsamer Interessen. Die Kooperation dieser beiden Mächte hat sich schon vor der Wende in Osteuropa verfestigt. Heute besteht amerikanisches Interesse nicht nur hinsichtlich strategischer Partnerschaft zur Rüstungsbegrenzung und -kontrolle, Nonproliferation im Bereich von Atomwaffen und von nuklearem Material (und nuklearem Knowhow), der Nichtweitergabe von technischem Wissen und Material für den Bau weitreichender Raketen sowie dem Bereich der Politik des Sicherheitsrates der Vereinten Nationen. Das amerikanische Interesse ist auch darauf gerichtet, künftige Möglichkeiten der Machtpolitik hinsichtlich der Rolle Chinas und vielleicht Japans nicht von vorneherein zu reduzieren und darauf, daß nicht durch ein in Chaos versinkendes Rußland ein den Weltfrieden gefährdendes Vakuum entsteht. Daher ist und bleibt Rußland eine erste Adresse für die US-Außenpolitik und deshalb wird das Interesse an der Kooperation mit Rußland seitens der USA – auch ohne große Fortschritte im russischen Reformprozeß – auf der Tagesordnung bleiben. Dieses Interesse an Kooperation ist natürlich nicht einseitig, auch Rußland muß Interesse an guter Zusammenarbeit mit der USA haben.

Schließlich gilt es auch zu bedenken, daß die NATO-Osterweiterung tatsächlich eine militärisch-sicherheitspolitische Problematik Rußlands aus dem Zerfall der Sowjetunion weiter verschärfen würde (wenngleich das nur aus einem russischen Sicherheits- und Schutzbedürfnis heraus, das potentielle Aggression des Westens voraussetzt, nachvollziehbar ist): Von den acht Raketenvorwarnsystemen sind nur drei auf russischem Boden stationiert und so fehlt Rußland ohne Zugriff auf die anderen Vorwarnsysteme angeblich ein funktionsfähiges einheitliches Raketenvorwarnsystem und somit auch eine Voraussetzung für die Rolle einer globalen Macht. Und außerdem sind die Obergrenzen der Streitkräftestationierungen nach dem Vertrag über konventionelle Streitkräfte in Europa (VKSE) auf die alte Kräftekonstellation NATO-WAPA abgestimmt, was auch ganz generell für die Streitkräftestruktur und -gruppierung zutrifft. Die NATO-Osterweiterung würde also durch das Näherrücken der größten Militärallianz der Welt an Rußlands Grenzen eine grundsätzliche Umdisponierung der russischen Streitkräfte erfordern. Rußland ist ohnedies seit dem Frühjahr 1993 bestrebt, eine Revision des Vertrages über konventionelle Streitkräfte in Europa (an den es sich nicht mehr hält) hinsichtlich der heutigen Krisen- und Kriegsregion Kaukasusregion zu erreichen und will dort mehr Truppen stationieren bzw. hat das bereits getan. Ein erster Kompromiß im Interesse Rußlands im Rahmen einer Überprüfungskonferenz für den VKSE wurde inzwischen bereits erreicht und es gab und gibt in diesem Zusammenhang auch Spekulationen, daß Rußland der NATO-Erweiterung im Austausch gegen die Änderung des VKSE-Vertrages zustimmen werde, um mehr Freiraum in der GUS zu haben.

Kooperation mit Rußland setzt die Fähigkeit und den Willen dieses Landes dazu voraus, wozu eine stabile Staatsordnung und die Kooperationsbereitschaft der Regierung vonnöten sind. Doch daran mangelt es und Rußland hat sich zu einer unsicheren Größe der internationalen Sicherheit entwickelt. Einen Risikofaktor stellen auch die russischen Streitkräfte dar; ihre politisch-zivile Kontrolle erscheint nicht als gesichert; für die Aufgabe Verteidigung sind sie überdimensioniert und sie weisen laut Meinung westlicher Experten auch hinsichtlich der Kernwaffen nicht die erforderliche Zuverlässigkeit auf. Das kann durchaus als Argument gegen die Idee der *„Sicherheit in Europa mit Rußland"* verwendet werden.

Diese Umstände sind aber aus globaler Sicht auch eine Herausforderung, trotzdem oder gerade deswegen die Kooperation mit Rußland zu suchen.

Die Bewertung der „Nützlichkeit" Rußlands

Auch wenn man mit jenen übereinstimmt, die meinen, daß der Verzicht auf die NATO-Osterweiterung (insbesondere hinsichtlich der Visegrad-Länder) eine kapitale Konzession an ein auf Expansion bedachtes russisches Sicherheitsinteresse darstellt und Rußland durch die Nichterweiterung der NATO dabei unterstützt wird, eine Rolle als (osteuropäische) Ordnungsmacht einzunehmen, so ist doch zu berücksichtigen, daß Rußland eben nicht auf eine europäische Rolle reduziert ist, sondern aufgrund seiner Geographie eine eurasische Macht ist und bleibt. Damit hat Rußland eine Spielgröße, die über nur-europäische Sicherheitsinteressen hinausgeht und konkret das Verhältnis der USA zu China und Japan betreffen kann. Europäer und Amerikaner können zu unterschiedlichen Beurteilungen der „Nützlichkeit" Rußlands gelangen. Die strategischen Beurteilungen der NATO-Erweiterung aus europäischer – und insbesondere aus mitteleuropäischer – Sicht haben zwar die gleichen Fakten zum Gegenstand wie die amerikanische Sicht, die aber eine Reihe zusätzlicher, mehr global orientierter Umstände zu berücksichtigen hat.

Ob und in welchem Ausmaß die Nato-Erweiterung tatsächlich stattfindet, wird also nicht nur von europäischen Vorstellungen sondern – wegen seiner Führungsrolle innerhalb der NATO – besonders von der USA abhängen. Wenn es zur NATO-Erweiterung kommt, so ist als Begleitmaßnahme dazu die Institutionalisierung einer engen kooperativen Beziehung der NATO mit Rußland zu erwarten. Dadurch könnte einerseits dem russischen Wunsch nach Anerkennung seiner Rolle als militärische Goßmacht entsprochen und anderseits die kooperative Sicherheitspolitik über die heutige Effizienz der OSZE hinaus weiterentwickelt werden. Westliche Vorstellungen laufen z. B. darauf hinaus, verschiedene Komitees und Arbeitsgruppen für politische Konsultation, Verteidigungsplanung, Nuklearplanung und Rüstungskontrolle zwischen der NATO und Rußland einzurichten.

Der richtige Zeitpunkt und geographische Rahmen

Das planbare Abstecken der Einflußbereiche in Europa, wie es in Zeiten des Friedens und in der Phase einer grundlegenden bzw. der unkonfrontativen Neuordnung möglich ist, sollte aus Gründen gesamteuropäischer Räson nicht so vonstatten gehen, daß dabei künftige Konflikte geradezu vorprogrammiert werden. Weiters ist zu bedenken, daß die Schaffung von vollendeten Tatsachen (ohne zugleich neue Herausforderungen zu provozieren) die Wahl des richtigen Zeitpunktes erfordert. Der richtige Zeitpunkt zur „Bändigung" Rußlands, also einer Sicherstellung durch faktische Maßnahmen (wie zum Beispiel der Garantie der Unabhängigkeit der Ukraine, Sicherheitsgarantien für die Balten u.a.m.), auf daß Rußland in Osteuropa keinen Hegemonialbereich mehr aufbauen kann, wäre wohl unmittelbar nach dem Zerfall der Sowjetunion, also 1991/92 gewesen und ist versäumt worden. Der ideale Zeitpunkt zur vollständigen Westintegration Österreichs wäre die Zeit von 1990 bis 1993 gewesen. Es kann sein, daß der günstigste Zeitpunkt schon vorüber ist, aber es scheint noch nicht zu spät zu sein, um dementsprechende Tatsachen zu schaffen, bevor die Neuordnung der Hegemonialbereiche zuungunsten des politischen Westens Gestalt angenommen hat.

Einerseits gilt es also, den richtigen Zeitpunkt zu wählen bzw. ihn nicht zu versäumen; andererseits ist jener geographische Rahmen zu beachten, der die künftige Interessenslage der Großmacht Rußland zu sehr beengen könnte. Aus den historisch gewachsenen Orientierungen Rußlands und seinem geographischen Denken heraus kann man gewisse Prioritäten einer direkten Einflußnahme und die Differenzierung zwischen direkter Vorherrschaft und mittelbarer Einflußnahme bis zur Schaffung nicht bedrohter Räume annehmen. Dabei kann man prinzipiell davon ausgehen, daß das Interesse am nördlich des Karpaten/Sudetenbogen liegenden Polen als wechselseitigem Zugang des Ostens zu den Zentren Westeuropas, wie des Westens in den russischen Zentralbereich, wesentlich größer sein muß als das an den südlich bzw. westlich der Karpaten gelegenen Territorien der Slowakei und Ungarns.

Derzeit erscheint die geographische Lage des „zentraleuropäischen Kerns“ (das sind Tschechien, Slowakei, Ungarn, Österreich und Slowenien) noch günstig, um sich dem Einflußbereich Rußlands fernhalten zu können, da neben der erstrangigen Interessensorientierung des allfälligen Zugangs zu Westeuropa über die Verbindung Polen die nächste Interessensorientierung der Zugang zum Mittelmeer über die Verbindung Balkan ist und erst danach der zentraleuropäische Kernraum, der lediglich den Zugang zu den Alpen und zu Oberitalien vermittelt, rangiert. Die Westintegration Österreichs, aber auch die Tschechiens und Ungarns, programmieren keine künftigen Konflikte mit Rußland, wenn man beizeiten vollendete Tatsachen schafft.

Man soll die Bedeutung von Kleinstaaten nicht überschätzen, aber man soll sie richtig einschätzen. Österreich wird die Politik in der EU nicht entscheidend beeinflussen können, denn es bringt nur etwas über 2% der EU-Bevölkerung ein. Aber das EU-Mitglied Österreich ist ein nicht unbedeutender Faktor für deren Ostpolitik. Österreichs Lage und geopolitische Bedeutung hat sich seit dem Ende des sogenannten Kalten Krieges entscheidend verändert.

Österreich ist von selbständig handlungsfähigen Ländern im Osten umgeben, was in der Zeit des Kalten Krieges nicht in dem Maße gegeben war. Österreich selbst ist derzeit außenpolitisch handlungsfähig und durch den Neutralitätsstatus de facto nicht mehr beschränkt (es sei denn, es bindet sich selbst freiwillig weiterhin durch das Neutralitätsgesetz).

Österreich hat mehr und kleinere Nachbarn als früher (durch die Teilung der Tschechoslowakei und Jugoslawiens). Im Hinblick auf seine wirtschaftliche Stärke spielt Österreich gegenüber den östlichen Nachbarn eine relativ bedeutsame Rolle und es ist wegen der geographischen Lage das Bindeglied zum Westen. Österreich wäre also durchaus befähigt, eine wichtige Rolle zur Gestaltung der Sicherheitspolitik in Mitteleuropa zu spielen, – wenn es wollte. Wenn es allerdings nicht will, d.h., weiterhin den Fragen der Mitgliedschaft in der WEU und NATO auszuweichen versucht und den Zeitpunkt einer noch möglichen militärischen Westintegration definitiv verschläft oder ignoriert, bestehen auf Grund des zunehmenden russischen Imperialismus und in Anbetracht der (berechtigten) Zögerlichkeit bei der EU-Erweiterung nach Osten folgende Risiken:

- Österreichs Nichtmitgliedschaft in der NATO gefährdet die mögliche NATO-Erweiterung in Südostmitteleuropa aus geographischen Gründen. Im Hinblick darauf, daß die Chance einer NATO-Mitgliedschaft der Slowakei ohnedies als äußerst unsicher eingestuft wird, ist in diesem Falle der NATO-Beitritt Ungarns (bzw. später auch Sloweniens) unwahrscheinlich.
- Im Falle dieser Lageentwicklung und insbesondere dann, wenn die Ukraine wieder russisch wird, verlieren die ostmitteleuropäischen Länder ihre derzeitige Freizügigkeit zur Westorientierung und haben die großrussischen Interessen wieder stärker zu berücksichtigen. Die Lage in Zentraleuropa bleibt instabil und hängt von konkurrierenden Einflußnahmen aus West und Ost ab.
- Österreich nähert sich unter diesen Umständen wieder einer ähnlichen Situation einer Mittellage zwischen konkurrierenden Machtbereichen an, wie sie in der Zeit der Ost-West-Konfrontation bestand und damals de facto und de jure zu entscheidenden Souveränitätsbeschränkungen geführt hatte. Jedenfalls wäre das am Rande der EU gelegene Österreich im Falle keiner militärischen Integration in die westlichen Bündnisse in einer möglicherweise nicht immer komfortablen Situation und es würde eine spätere weitere Westintegration einzelner Länder Mitteleuropas wesentlich erschweren bzw. verhindern.

15. „Partnership for Peace“ als Wegbereiter der NATO-Erweiterung

Die Abwägung der Probleme und Chancen aus der NATO-Erweiterung sei hier mit einer Beurteilung des deutschen Historikers und Rußlandkenners Lothar Rühl eingeleitet, wonach die NATO in der Zeit von 1992 bis 1994 ihre Erweiterungspolitik viermal änderte:

1. Anfangs, 1992 Zurückhaltung gegenüber allen Ländern Osteuropas, welches 1991 mit dem Warschauer Pakt und der UdSSR als geopolitische Einheit zerfiel, mit der Präferenz für eine „Visegrad“-Sicherheitszone und Aufwertung der KSZE, dazu direkte Außenbeziehungen der NATO zu allen Ex-Warschauer Pakt-Staaten und Ex-Sowjetrepubliken im Nordatlantischen Kooperationsrat.

2. Danach, 1993 Hinwendung zu den vier „Visegrad-Staaten“ mit zeitweiligen Varianten, etwa vorgeschalteter WEU-Mitgliedschaft, dem Vorsatz, keinesfalls Ex-Sowjetrepubliken aufzunehmen und einem langen Vorlauf für die Aufnahme der ostmitteleuropäischen Staaten zu bestimmten Bedingungen und ohne jede Festlegung der NATO auf ein Verfahren oder einen zeitlichen Fahrplan.

3. Zwischen Herbst 1993 und Januar 1994 Festlegung auf die Offerte Partnerschaft für den Frieden, um Zeit zu gewinnen, Rußland an die Aussicht auf eine NATO-Erweiterung zu gewöhnen und eine Art Probezeit für Kandidaten einzuführen, anderen aber einen Ersatz für das Bündnis zu bieten.

4. Schließlich im Laufe des Jahres 1994 Verkürzung des Vorlaufs für Verhandlungen über einen selektiven NATO-Beitritt und definitive Konzentration auf „Visegrad“, aber noch

mit dem Konzept eines offenen evolutionären Erweiterungsprozesses und zugleich Herstellung einer Verbindung zur EU-Erweiterung.

Nützlicher Schritt aber kein Ersatz für die Erweiterung

Beim Treffen der NATO-Verteidigungsminister in Travemünde (20. bis 21. 10. 1993) hat Deutschland das Prinzip der Erörterung der NATO-Erweiterung durchgesetzt: Sie – die Erweiterung – ist auf der Tagesordnung. Eine konkrete Erweiterung gewährleistete das allerdings keineswegs. Aber das Resümee des Generalsekretärs ging davon aus, daß es für den Gedanken einer Erweiterung der NATO Unterstützung gegeben habe, nicht für sofortige Erweiterung, aber für das Prinzip der Erweiterung. Zum anderen sei das US-Konzept „Partnership for Peace" ein nützlicher Schritt (und nicht ein Ersatz) zur Erweiterung.

Die Initiative „Partnership for Peace" (PfP) ist dann auf dem NATO-Gipfel am 10. 1. 1994 einmütig gebilligt worden.

Die ursprüngliche Absicht der PfP war es, nach Ansicht zahlreicher Beobachter, als Reaktion auf das deutsche Drängen, die Diskussionen über eine konkrete NATO-Osterweiterung hinauszuzögern, um nicht die Beziehungen zu Rußland zu gefährden. Nach den Erfolgen der Nationalisten und Kommunisten für die Wahlen vom Dezember 1993 in die russische Staatsduma hat das Angebot dann aber durchaus mehr Gehalt erlangt, als ursprünglich geplant war.

Bei der „PfP" handelt es sich um ein Angebot zur Erweiterung und Vertiefung der (sicherheits)politischen und militärischen Kooperation in ganz Europa, einschließlich des Angebots der NATO, mit jedem aktiven Teilnehmer an der

Partnerschaft in Konsultationen einzutreten, wenn dieser eine direkte Bedrohung seiner territorialen Integrität, politischen Unabhängigkeit oder Sicherheit sieht. Zeitmaß und Umfang der Kooperation bestimmen sich nach Fähigkeit und Wunsch der einzelnen Teilnehmerstaaten. Ziele der Zusammenarbeit sind Transparenz der Verteidigungshaushalte, die Förderung demokratischer Kontrolle der Verteidigungsministerien, sowie gemeinsame Planung, gemeinsame militärische Übungen und Aufbau einer Fähigkeit mit NATO-Streitkräften zusammenzuwirken, in Bereichen wie Friedenswahrung, Such- und Rettungsdienst sowie humanitären und anderen eventuell zu vereinbarenden Operationen. Die Partner sind eingeladen, sich an politischen und militärischen Gremien der NATO zu beteiligen und Kontakte durch ständige Verbindungsoffiziere beim NATO-Hauptquartier sowie zu einer eigenen Partnerschaftskoordinierungszelle zu unterhalten. Die PfP kann also insbesondere dem „Kennenlernen" der NATO und dem Prozeß der Demokratisierung der Streitkräfte der Aufnahmewerber dienen. So gesehen bietet sie tatsächlich die Möglichkeit einer individuellen Vorbereitung zur NATO-Mitgliedschaft im Sinne allgemeiner und militärischer Eignung. Man kann daher in der 1994 begonnenen Partnerschaft den Beginn der Westintegration einzelner Reformländer sehen; jedenfalls kann diese Kooperation der Westintegration nützlich sein.

Mittlerweile haben 27 Länder das Grundsatzdokument *(siehe Rahmendokument am Ende des Kapitels)* über die PfP mit der NATO (darunter auch Rußland) unterzeichnet. Österreich ist am 10. Februar 1995 als 25. Staat Mitglied der PfP geworden. (Folgende Staaten sind bisher beigetreten: Albanien, Armenien, Aserbaidschan, Bulgarien, Estland, Georgien, Kasachstan, Kirgistan, Lettland, Litauen, ehem. Jugoslawische Republik Mazedonien, Republik Moldau, Polen, Rumänien, Rußland, Slowakei, Slowenien, Tschechien, Turkmenistan, Ungarn, Ukraine, Usbekistan, Weißrußland, Finnland, Malta, Österreich, Schweden.) Mehr als die Hälfte dieser Länder, darunter auch Österreich, hat bereits ein konkretes Arbeitsprogramm (individuelles Partnerschaftsprogramm, IPP) im Rahmen der PfP mit der NATO abgeschlossen.

Aspekte der Eignungkriterien für die NATO-Mitgliiedschaft

Steht seit dem NATO-Ministertreffen im Dezember 1994 die Erweiterung nun wirklich auf der Tagesordnung? Es war eine Studie in Auftrag gegeben worden, die bis zum Herbst 1995 die Kriterien für die Aufnahme neuer Mitglieder bestimmen sollte und über die die PfP-Partner bis Ende 1995 informiert werden sollten. Das ist tatsächlich auch geschehen. (Study on NATO Enlargement vom 18. 9. 1995)

Die Kriterien sind darauf abgestellt, daß die Erweiterung den Zusammenhalt nicht beeinträchtigt und die bisherige Effizienz des Militärbündnisses nicht herabgesetzt werden soll (interoperable Streitkräfte); die neuen Mitglieder sollen militärisch voll integriert sein (kein neues Frankreich oder Spanien) Auf gar keinen Fall aber sollen durch die Erweiterung bilaterale Probleme (sei es zwischen zwei neuen oder einem neuen und einem alten Mitglied) eingebracht werden (kein neues Griechenland-Türkei-Problem) oder unnötige offene Probleme eines Neumitgliedes mit Außenstehenden entstehen können. Zu den Kriterien der Eignung zur NATO-Mitgliedschaft zählen: Demokratische Ordnung (und zwar sowohl verfassungsmäßig als auch realpolitisch); Marktwirtschaft; Lösung von offenen Grenzfragen und des Status von Minderheiten; zivile Kontrolle des Militärs (ziviler Verteidigungsminister); Fähigkeit und Bereitschaft zur vollen Teilnahme an der NATO – also volle militärische Integration; Fähigkeiten zur anteiligen Kostenübernahme für die Erweiterung.

Freilich lassen die Eignungskriterien eine Reihe von grundsätzlichen aber auch taktischen Fragen offen:

- Sind die Kriterien dauerhaft oder sollen sie Änderungen, also einer Weiterentwicklung unterliegen?
- Kann einem Land, das formal die Kriterien erfüllt, die Mitgliedschaft (aus anderen Gründen) verweigert werden?
- Sollen alle Kriterien bereits voll erfüllt sein oder genügt ein dynamischer Prozeß in diese Richtung, der durch die Mitgliedschaft gefördert wird?
- Sind die Kriterien gleichwertig oder gibt es Prioritäten?
- Können auch Länder aus strategischen Überlegungen aufgenommen werden, die nach den Kriterien weniger geeignet erscheinen als geeignetere Bewerber, welche aber aus strategischen Gründen nicht akzeptiert werden sollen?

Letztere Frage zeigt auch die Gesamtproblematik der Erstellung von Kriterien für die Aufnahme. Sollen es strategische Überlegungen sein (für die die Allianz offenbar eine momentan zu geringe gemeinsame Interessenslage hat) oder wird es eine Art „Verwaltungsverfahren“, aus dem sich die Erweiterung ergibt?

Das eigentliche Problem der Osterweiterung der NATO liegt in der Schwierigkeit der richtigen Auswahl der Aufzunehmenden. Die Neumitglieder müßten sich im Falle der Integration auch weiterhin friedlich und kooperationsbereit verhalten und dürften nicht – sich nach ihrer Integration stark fühlend – zu rücksichtsloser Verfolgung nationaler Interessen und traditioneller Zielsetzungen gegen ihre mitintegrierten Nachbarn oder/und auch gegen nichtintegrierte Nachbarn, eventuell sogar gegenüber Rußland, neigen, da sie dadurch das gesamte westliche Bündnis destabilisieren würden. Diese Überlegung verlangt Vorsicht bei der Erweiterung der NATO, ist aber kein objektives Argument gegen jede Erweiterung oder gegen das Prinzip der Erweiterung. Das gilt auch hinsichtlich der ursprünglichen Vorsicht der USA, die vermeinte, gute Gründe zu haben, sich nicht zu sehr in europäische Abenteuer einzulassen; nichts anderes ist nämlich aus der Sicht Mancher in Amerika die NATO-Erweiterung nach Osten. Unverbindliche Kooperation der einzelnen Länder mit der NATO (Partnership for Peace) und der Ratschlag zur Zusammenarbeit untereinander sollten einerseits die Erweiterung hinausschieben (primärer Grund) und gleichzeitig testen, wie reif im Sinne westlicher Vorstellungen die Aufnahmewerber sind. So gesehen war die PfP anfangs eine Beruhigungsgeste mit der rein theoretischen Option einer späteren Mitgliedschaft.

Manchmal entwickeln sich die Dinge anders, als es gedacht war, weil sie eine Eigendynamik entwickeln oder/und weil sich die Rahmenbedingungen ändern. In dieser Hinsicht kann die PfP durchaus eine größere Rolle hinsichtlich der NATO-Erweiterung spielen, als das ursprünglich gedacht war. Umgekehrt hat die politische Entwicklung in den Reformländern, die sich ausdrückt in der Wiederkehr der (ex)-kommunistischen Parteien in allen ehemals sozialistischen

Staaten (mit Ausnahme von Tschechien, Slowenien und Albanien), die Vertrauensbildung seitens des Westens gewiß nicht erhöht. Durch die lange Dauer der Erweiterungsdebatte ist auch das Kostenbewußtsein gestiegen. So wird vielleicht der Rechenstift der westlichen Planer die entscheidende Rolle spielen, ob und wie weit die Erweiterung stattfindet

Da NATO-Sicherheitsgarantien sowohl hinsichtlich vorhandener militärischer Ressourcen als auch (und insbesondere) hinsichtlich der Bereitschaft und Fähigkeit, sie auch einzusetzen, in erster Linie die USA berühren, so bedarf es aus ihrer Sicht vorsichtiger Abwägung, wann und wie weit der Sicherheitsschirm aufgespannt wird. Gegen das Argument der Vorsicht läßt sich nicht viel ins Treffen führen. Aber die Argumentation, daß eine vorsichtige Selektion bei der Erweiterung gegeben sein müsse, die Erweiterung im Prinzip aber sowohl zur Stabilisierung Europas wie zur Begrenzung russischer Hegemonialbereiche nötig wäre, wird dadurch nicht erschüttert.

US-Politik zwischen Vorsicht und Erweiterungsdynamik

Es wird sich erweisen, welche endgültige Weichenstellung die US-Politik zur NATO-Erweiterung vornimmt. Da ist einmal die Präsidentenwahl abzuwarten. Daneben sind die neoisolationistischen Tendenzen im Senat zu beachten; warum soll die USA Sicherheitsgarantien inklusive der Ausdehnung des amerikanischen Nuklearschirms für weit entfernte Länder im Osten Europas abgeben? Noch dazu, wo die Europäer im Kalten Krieg über Jahrzehnte hinweg sicherheitspolitische Trittbrettfahrer waren und pro Kopf im Vergleich zur USA weniger als die Hälfte für die Verteidigung aufgewendet haben, obwohl doch sie selbst in erster Linie bedroht gewesen sind; und nun eine Wiederholung dessen, indem sie zwar US-Präsenz in Europa wollen, dafür aber wenig zahlen oder sonstige Gegenleistungen bringen? Trotzdem – und in Abwägung strategischer Aspekte – ist die US-Politik zuletzt der energischeste Betreiber der Idee der NATO-Erweiterung geworden.

Gegen Ende 1996 soll eine weitere Studie der NATO vorliegen, die sich mit konkreten Aufnahmeszenarien (welche Länder, Zeitplan) auseinandersetzen soll und 1997 soll das Jahr des Beratens und Entscheidens über die Aufnahme neuer NATO-Mitglieder sein.

Hier sollen keine Spekulationen darüber angestellt werden, ob und wie der Erweiterungsprozeß (an dem ja alle NATO-Mitglieder, deren Regierungen und Parlamente mitwirken werden) entschieden wird. Für Österreich – um von den allgemeinen und globalen sicherheitspolitischen Überlegungen auf unser kleines Land zurückzukommen – geht es nicht um die Beeinflussung dieses Prozesses, sondern darum, sich zeitgerecht darauf einzustellen: Die NATO-Erweiterung muß immerhin für möglich gehalten werden. Österreich muß deshalb entscheiden, ob es mit dabei sein will oder nicht.

Die Grundsatzdokumente zur PfP

Partnerschaft für den Frieden:

Einladung:

Herausgegeben von den Staats- und Regierungschefs anläßlich ihrer Teilnahme am Treffen des Nordatlantikrats im NATO-Hauptquartier zu Brüssel am 10. und 11. Januar 1994.

Wir, die Staats- und Regierungschefs der Mitgliedsländer der Nordatlantischen Allianz, aufbauend auf der engen und langjährigen Partnerschaft zwischen den nordamerikanischen und europäischen Bündnispartnern, treten dafür ein, Sicherheit und Stabilität in ganz Europa zu stärken. Wir haben daher den Wunsch, Bindungen zu den demokratischen Staaten im Osten von uns zu festigen. Wir bekräftigen, daß die Allianz, wie in Artikel 10 des Washingtoner Vertrages vorgesehen, für eine Mitgliedschaft anderer europäischer Staaten offenbleibt, die in der Lage sind, die Grundsätze des Vertrages zu fördern und zur Sicherheit des nordatlantischen Gebiets beizutragen. Wir erwarten und würden es begrüßen, wenn eine NATO-Erweiterung demokratische Staaten im Osten von uns erfassen würde, als Teil eines evolutionären Prozesses, unter Berücksichtigung politischer und sicherheitspolitischer Entwicklungen in ganz Europa.

Wir haben heute ein praktisches Sofortprogramm auf den Weg gebracht, das die Beziehung zwischen der NATO und Teilnehmerstaaten verändern wird. Dieses neue Programm geht über Dialog und Kooperation hinaus und begründet eine wirkliche Partnerschaft - eine Partnerschaft für den Frieden. Wir laden daher die anderen im Nordatlantischen Kooperationsrat (NAKR) beteiligten Staaten und andere KSZE-Länder ein, die in der Lage und willens sind, zu diesem Programm beizutragen, sich uns in dieser Partnerschaft anzuschließen. Aktive Beteiligung an der Partnerschaft für den Frieden wird eine wichtige Rolle im evolutionären Prozeß der NATO-Erweiterung spielen.

Die operativ unter der Autorität des Nordatlantikrats stehende Partnerschaft für den Frieden wird neue Sicherheitsbeziehungen zwischen der Nordatlantischen Allianz und ihren Partnern für den Frieden knüpfen. Partnerstaaten werden vom Nordatlantikrat eingeladen, sich an politischen und militärischen Gremien im NATO-Hauptquartier zu beteiligen, soweit sie sich mit Partnerschaftsaktiviäten befassen. Die Partnerschaft wird die politische und militärische Zusammenarbeit in ganz Europa erweitern und intensivieren, Stabilität festigen, Bedrohungen des Friedens verringern und gestärkte Beziehungen aufbauen durch die Förderung des Gedankens der praktischen Kooperation und das Eintreten für demokratische Grundsätze, die unser Bündnis bestimmen. Die NATO wird mit jedem aktiven Teilnehmer an der Partnerschaft in Konsultationen eintreten, wenn dieser Partner eine direkte Bedrohung seiner territorialen Integrität, politischen Unabhängigkeit oder Sicherheit sieht. In einem durch Fähigkeit und Wunsch der einzelnen Teilnehmerstaaten bestimmten Zeitmaß und Umfang werden wir konkret hinarbeiten auf Transparenz der Verteidigungshaushalte, die Förderung demokratischer Kontrolle der Verteidigungsministerien, gemeinsame Planung, gemeinsame militärische Übungen und den Aufbau einer Fähigkeit, mit NATO-Streitkräften zusammenzuwirken, in Bereichen wie

Friedenswahrung, Such- und Rettungsdienst sowie humanitären und anderen eventuell zu vereinbarenden Operationen.

Zur Förderung engerer militärischer Zusammenarbeit und Interoperabilität werden wir im Rahmen der Partnerschaft Übungen zur Friedenswahrung ab 1994 vorschlagen. Um gemeinsame militärische Aktivitäten als Teil der Partnerschaft zu koordinieren, werden wir an der Partnerschaft beteiligte Staaten einladen, ständige Verbindungsoffiziere zum NATO-Hauptquartier und zu einer separaten Partnerschaftskoordinierungszelle in Mons (Belgien) zu entsenden, die unter der Autorität des Nordatlantikrats die militärische Planungsarbeit wahrnehmen würden, die erforderlich ist, um die Partnerschaftsprogramme umzusetzen.

Seit seiner Gründung vor zwei Jahren hat der Nordatlantische Kooperationsrat (NAKR) Intensität und Umfang seiner Aktivitäten stark erweitert. Wir werden mit allen unseren NAKR-Partnern weiter zusammenarbeiten, um kooperative Beziehungen im gesamten Spektrum der Allianzaktivitäten aufzubauen. Mit der Erweiterung von NAKR-Aktivitäten und der Schaffung der Partnerschaft für den Frieden haben wir beschlossen, ständige Einrichtungen im NATO-Hauptquartier für Personal aus NAKR-Ländern und anderen Teilnehmerstaaten an der Partnerschaft für den Frieden anzubieten, um unsere Arbeitsbeziehungen zu verbessern und engere Zusammenarbeit zu erleichtern.

Partnerschaft für den Frieden:

RAHMENDOKUMENT

1. Der Einladung folgend, die die Staats- und Regierungschefs der NATO auf ihrem Treffen am 10./11. Januar 1994 ausgesprochen haben, und entschlossen, ihre politischen und militärischen Bindungen zu vertiefen und weiter zur Stärkung der Sicherheit innerhalb des euroatlantischen Gebiets beizutragen, begründen die Mitgliedsstaaten der Nordatlantischen Allianz und die anderen unterzeichnenden Staaten dieses Dokuments hiermit im Rahmen des Nordatlantischen Kooperationsrats diese Partnerschaft für den Frieden .

2. Diese Partnerschaft wird als Ausdruck gemeinsamer Überzeugung begründet, daß Stabilität und Sicherheit im euroatlantischen Gebiet nur durch Zusammenarbeit und gemeinsames Handeln erreicht werden können. Der Schutz und die Förderung der Grundfreiheiten und Menschenrechte und die Sicherung von Freiheit, Gerechtigkeit und Frieden durch Demokratie sind gemeinsame Werte, die der Partnerschaft zugrunde liegen. Mit der Teilnahme an der Partnerschaft erinnern die Mitgliedsstaaten der Nordatlantischen Allianz und die anderen unterzeichnenden Staaten dieses Dokuments daran, daß sie der Bewahrung demokratischer Gesellschaften, ihrer Freiheit von Zwang und Einschüchterung und der Wahrung der Prinzipien des Völkerrechts verpflichtet sind. Sie bekräftigen, daß sie dafür eintreten, die Verpflichtungen der Charta der Vereinten Nationen und die Grundsätze der Allgemeinen Erklärung der Menschenrechte

nach Treu und Glauben zu erfüllen; insbesondere, sich der Androhung oder Anwendung von Gewalt gegen die territoriale Integrität oder politische Unabhängigkeit irgendeines Staates zu enthalten, bestehende Grenzen zu achten und Streitfälle mit friedlichen Mitteln zu regeln. Sie bekräftigen ebenfalls ihr Bekenntnis zur Schlußakte von Helsinki und allen nachfolgenden KSZE-Dokumenten sowie zur Erfüllung der Pflichten und Verpflichtungen, die sie im Bereich der Abrüstung und Rüstungskontrolle eingegangen sind.

3. Die anderen unterzeichnenden Staaten dieses Dokuments werden mit der Nordatlantikpakt-Organisation gemeinsam auf die folgenden Ziele hinarbeiten:

a) Förderung von Transparenz nationaler Verteidigungsplanung und Haushaltsverfahren;
b) Gewährleistung demokratischer Kontrolle über die Verteidigungskräfte;
c) Aufrechterhaltung der Fähigkeit und Bereitschaft, zu Einsätzen unter Autorität der VN und/oder Verantwortung der KSZE beizutragen, vorbehaltlich verfassungsrechtlicher Erwägungen;
d) Entwicklung kooperativer militärischer Beziehungen zur NATO mit dem Ziel gemeinsamer Planung, Ausbildung und Übungen, um ihre Fähigkeit für Aufgaben auf den Gebieten Friedenswahrung, Such- und Rettungsdienst, humanitäre Operationen und anderer eventuell noch zu vereinbarender Aufgaben zu stärken;
e) Auf längere Sicht Entwicklung von Streitkräften, die mit denen der Mitgliedsstaaten der Nordatlantischen Allianz besser gemeinsam operieren können .

4. Die anderen unterzeichnenden Staaten übermitteln den verantwortlichen Stellen der NATO Einführungsdokumente, in denen sie die Schritte aufzeigen, die sie zum Erreichen der politischen Ziele der Partnerschaft ergreifen werden, sowie die militärischen und anderen Mittel benennen, die für Partnerschaftsaktivitäten genutzt werden könnten. Die NATO wird ein Programm von Partnerschaftsübungen und anderen Aktivitäten im Einklang mit den Zielen der Partnerschaft vorschlagen. Jeder unterzeichnende Staat wird auf der Grundlage dieses Programms und seines Einführungsdokuments mit der NATO ein individuelles Partnerschaftsprogramm entwickeln.

5. In Vorbereitung und Umsetzung ihrer individuellen Partnerschaftsprogramme können andere unterzeichnende Staaten auf eigene Kosten, im Einvernehmen mit dem Bündnis und soweit erforderlich mit den zuständigen belgischen Behörden ihr eigenes Verbindungsbüro beim NATO-Hauptquartier in Brüssel einrichten. Dies wird ihre Teilnahme an NAKR-/Partnerschaftssitzungen und -aktivitäten sowie auf Einladung an verschiedenen anderen Aktivitäten erleichtern. Sie werden ebenso in angemessener Weise Personal, Mittel, Einrichtungen und Fähigkeiten bereitstellen, die für die Durchführung des vereinbarten Partnerschaftsprogramms notwendig sind. Die NATO wird sie bei der Formulierung und Durchführung ihrer individuellen Partnerschaftsprogramme in angemessener Weise unterstützen.

6. Die anderen unterzeichnenden Staaten stimmen folgenden Übereinkünften zu:

- diejenigen, die eine Mitwirkung an den in Ziffer 3 (d) genannten Aufgaben erwägen, werden an entsprechenden NATO-Übungen teilnehmen, wo dies geeignet erscheint;
- sie werden ihre eigene Teilnahme an Partnerschaftsaktivitäten finanzieren und darüber hinaus bemüht sein, sich an den Lasten für die Durchführung von Übungen, an denen sie teilnehmen, zu beteiligen;
- sie können nach entsprechender Zustimmung ständige Verbindungsoffiziere zu einer separaten Partnerschaftskoordinierungszelle in Mons (Belgien) entsenden, die unter der Autorität des Nordatlantikrats die militärische Planungsarbeit wahrnehmen würde, die erforderlich ist, um die Partnerschaftsprogramme umzusetzen;
- diejenigen, die an Planung und militärischen Übungen teilnehmen, werden Zugang zu bestimmten technischen NATO-Daten erhalten, die für die Interoperabilität relevant sind;
- aufbauend auf den KSZE-Maßnahmen zur Verteidigungsplanung werden die anderen unterzeichnenden Staaten und NATO-Staaten Informationen über die Schritte austauschen, die unternommen wurden oder werden sollen, um die Transparenz von Verteidigungsplanung und -haushalt zu fördern und die demokratische Kontrolle über die Streitkräfte zu gewährleisten;
- sie können an gegenseitigem Informationsaustausch über Verteidigungsplanung und -haushalte teilnehmen. der im Rahmen des NAKR/der Partnerschaft für den Frieden entwickelt werden wird.

7. In Übereinstimmung mit ihrem Eintreten für die Ziele dieser Partnerschaft für den Frieden werden die Mitgliedsstaaten der Nordatlantischen Allianz:

- zusammen mit anderen unterzeichnenden Staaten ein Planungs- und Überprüfungsverfahren zur Feststellung und Bewertung von Streitkräften und Fähigkeiten entwickeln, die von ihnen für multinationale Ausbildung, Übungen und Operationen zusammen mit Streitkräften der Bündnispartner verfügbar gemacht werden konnten;
- die militärische und politische Koordinierung im NATO-Hauptquartier fördern, um Weisungen und Richtlinien für Partnerschaftsaktivitäten mit den anderen unterzeichnenden Staaten zu entwickeln einschließlich Planung, Ausbildung, Übungen sowie Entwicklung von Einsatzgrundsätzen.

8. Die NATO wird mit jedem aktiven Teilnehmer an der Partnerschaft in Konsultationen eintreten, wenn dieser Partner eine direkte Bedrohung seiner territorialen Integrität, politischen Unabhängigkeit oder Sicherheit sieht.

16. Die Bedrohung liegt in der Gefahr der Eskalation

Für die sicherheitspolitische Planung gilt es, langfristige Entwicklungsmöglichkeiten zu erfassen. Nicht alles, was möglich und denkbar erscheint, muß auch eintreffen; mögliche Entwicklungen aber zu ignorieren ist zumindest fahrlässig. Da weder die Verfestigung der EU bzw. ihre Weiterentwicklung noch der längerfristige Bestand der NATO als vollständig gesichert betrachtet werden darf, muß man sogar die Möglichkeit einer weitestgehenden Renationalisierung der Sicherheitspolitik und die Wiederkehr von Gleichgewichtsdenken und Bündnispolitik der europäischen Staaten in Erwägung ziehen. Die Konsequenz daraus ist für die Nationalstaaten die, nicht auf eigene Streitkräfte und die Verfügungsgewalt darüber zu verzichten, um sich möglichst alle militärischen Fähigkeiten für den Fall der Wiederkehr „klassischer" Konfliktszenarien zu bewahren. Das gilt freilich für ein geographisch exponiertes Land am Rande der EU in höherem Maße, weshalb Österreich etwa in der Frage der Abschaffung der Wehrpflicht vorsichtiger sein muß als z.B. Frankreich.

Das beste Mittel zur Verhinderung der Renationalisierung der europäischen Sicherheitspolitik wäre natürlich – kurzfristig – die Stärkung und Erweiterung der NATO und – mittelfristig bis längerfristig – der Ausbau der EU zu einer Verteidigungsorganisation und ihre Erweiterung um die ost-, mittel- und südosteuropäischen Reformländer.

Bei aller Ungewißheit über die Weiterentwicklung der westeuropäischen Institutionen NATO und EU wird aber auf absehbare Zeit wohl kaum jemand mit Nachbarschaftskriegen rechnen. Dieses Problem war auch in der Zeit der Ost-West-Konfrontation nicht gesehen worden. Die potentielle Gefahr liegt in der nicht vorhersehbaren Zeitdimension, der Zeit des möglichen Scheiterns der Westintegration der Reformländer, des Ausbaues des russischen Imperiums und seines Hegemonialbereiches bzw. der Festigung der Macht seiner Verbündeten am Balkan.

Das ist kein konkretes Szenario, aber wer weiß schon, was übermorgen sein wird.

Der Zerfall von Staaten und das Übergangsstadium autoritärer in halbautoritäre Systeme und von diesen in demokratische bringt nicht nur Ungewißheiten der Weiterentwicklung sondern auch konkrete Konflikte. Da braucht man nicht lange in die Geschichte zurückzublicken. Die jugoslawischen Sezessionskriege und die Ereignisse im Kaukasus haben demonstriert, zu welchen Greueltaten, Gewalttätigkeiten und Massenverbrechen auch die europäische Menschheit heute noch fähig ist. Westliche Politik war aber mehr darauf bedacht, diese Kriege einzudämmen bzw. ihre Ausweitung auf Nachbarstaaten zu verhindern, als die Kriegsgreuel im Lande zu verhindern. Tatsächlich haben die jugoslawischen Kriege noch immer ein beachtliches Eskalationspotential.

Nicht aus Erwägungen regionaler Sicherheitsprobleme haben sich die Amerikaner schließlich zum Handeln für die Pazifizierung Bosniens entschlossen, sondern wegen der Gefahr einer geradezu globalen Ausweitung dieses Konfliktes. Die kulturell-zivilatorische Auseinandersetzung der Kroaten gegen die Serben, der religiöse Konflikt Islam, Orthodoxie, Katholizismus und die russische Unterstützung für die serbische Seite (vielleicht ist auch noch die deutsche Unterstützung für Kroatien nennenswert) haben, neben den nur vordergründig ethnischen Auseinandersetzungen, den Krieg in Bosnien zu einer potentiellen Initialzündung für einen größeren Krieg und für eine weltweite Verschärfung skeptischer bis feindseliger Auffassungsunterschiede, Interessenslagen und Konfliktpotentiale gemacht.

Ähnliche Gefahrenquellen bestehen in Ex-Jugoslawien noch hinsichtlich des Kosovo, da auch das Niederhalten der albanischen Bevölkerungsmehrheit eine ähnliche Konfliktsituation wie in Bosnien bringen wird, und in abgeschwächter Form auch in Mazedonien, falls Serbien wieder auf Mazedonien zugreifen will und falls die dortige große albanische Minderheit nicht entsprechend integriert werden kann.

Bereits eine zweistellige Zahl bewaffneter Konflikte

Alleine die ethnischen Probleme am Balkan und in der Ex-Sowjetunion bergen Konfliktpotentiale, die einem aufmerksamen Beobachter angst und bange machen müssen. Die Rücksichtslosigkeit der Staatsnationen gegen ihre Minderheiten hinsichtlich der Verwirklichung gerechter Zustände und der Anwendung des Selbstbestimmungsrechtes andererseits, schaffen eine ganze Reihe nur schwer – wenn überhaupt – friedlich zu lösender Problemlagen. Als willkürlich empfundene Grenzziehungen, Forderungen nach Grenzänderungen, nach Selbständigkeit (Sezession), nach Autonomie, nach mehr Minderheitenrechten, sind nicht Einzelfälle sondern die Regel in den Beziehungen zwischen den Ländern des ehemaligen Warschauer Paktes.

Die Zahl der *bewaffneten* Konflikte im Verlauf des Zerfalles von Staaten bzw. in dessen Gefolge – alle aus den oben genannten Gründen – teilweise mit Intervention der seinerzeit beherrschenden Macht (Rußland im Falle der Ex-Sowjetunion, Serbien im Falle Ex-Jugoslawiens) ist bereits zweistellig: Serbien–Slowenien; Serbien–Kroatien; serbische Kroaten–Kroatien; serbische Bosnier–Kroatien; serbische Bosnier–kroatische Bosnier; serbische Bosnier–muslimische Bosnier; kroatische Bosnier–muslimische Bosnier; Berg Karabach/Armenien–Aserbeidschan; Abchasen–Georgien; Südosseten–Georgien; russisch-tadschikische–tadschikisch-afghanische Kräfte; Transnistrien–Moldau; Rußland–Tschetschenen; Tschetschenen–Inguschen.

Besondere Brennpunkte und Gefahrenquellen für die künftige Entwicklung in Europa sind neben dem Kosovo und Mazedonien die Behandlung der ungarischen Minderheit in der Slowakei, in Rumänien und in der serbischen Vojvodina; die Frage der Zugehörigkeit der Krim zur Ukraine; die Rolle und der Status der russischen Bevölkerung in der Ukraine, der Republik Moldau und in den baltischen Staaten. Und – nicht zu vergessen – die Grenzfragen zwischen Kroatien und Serbien bzw. die Situation in Bosnien.

Die Eskalationsfähigkeit von Konflikten kennt unzählige historische Beispiele. Die Unterdrückung von Konflikten – oder, wenn das nicht gelingt, ihre Eindämmung und Pazifizierung – ist nötig, um Flächenbrände und größere militärische Auseinandersetzungen zu verhindern. Solche würden durch die massive Beinträchtigung des Handelsaustausches und des erforderlichen erhöhten Aufwandes für Rüstung die Basis unseres Wohlstandes untergraben. In weiterer Folge könnte dies auch den Zusammenhalt der EU erschüttern, was dann in völlig unberechenbaren Situationen münden würde.

Muß man da eigentlich noch weiter argumentieren, daß in der aktuellen Situation der Beitritt zur NATO und ihre Stärkung nicht nur die beste sondern wohl auch die derzeit einzige Sicherheit ist, sowohl für ein kleines Land als auch zu Stabilisierung der europäischen Gesamtsituation?

... wird Charisma wichtiger sein als die Volkswirtschaft

Zum Abschluß dieses Kapitels sei eine Prognose eines langjährigen Osteuropabeobachters, des amerikanischen Politologen Ken Jowitt wiedergegeben, wonach sich nach dem Zusammenbruch des Leninismus eine *„neue Weltunordnung"* herausbilden werde. Die postleninistischen Gesellschaften würden den chaotischen Anblick einer Welt im Zustand der Genesis bieten und seien in einer Verfassung, die von Verwerfungen, traumatischen Erschütterungen und Ungewißheiten geprägt sei. Und *„in dieser neuen Welt werden Führer wichtiger sein als Institutionen, wird Charisma eine größere Bedeutung haben als die Volkswirtschaft."* Der Autor schließt zwar nicht aus, daß sich aus dem heutigen irrationalen und strukturlosen Nichtsystem am Ende eine liberale Gesellschaft entwickeln könne – die Apokalypse sei nicht unabwendbar; aber man solle sich bewußt sein, daß einer demokratischen Konsolidierung große Hindernisse im Wege stünden und die Übergangsperiode mit hoher Wahrscheinlichkeit zu Kriegen und gewalttätigen Bewegungen führen werde. *(Zitiert nach Heft 9/1995 der Zeitschrift „Transit")*

Auch wenn man diese Auffassung nicht ganz teilen sollte, wird man doch zur Kenntnis nehmen müssen, daß der Umgestaltungsprozeß problematisch ist und man mit Zweideutigkeiten, Widersprüchen und Ungewißheiten zu leben hat.

17. Die Bedeutung Österreichs für die Bildung von Hegemonialbereichen in Europa

Geopolitische Überlegungen zu Mitteleuropa

Auf Basis der vorhin dargestellten Gefahrenquellen gibt es eine ganze Reihe noch unbestimmter Entwicklungen, deren Ausgang die politische Ordnung Europas mitgestalten wird. Die entscheidenden Komponenten für die künftige Situation Europas werden sich aus den folgenden Entwicklungen ergeben:

- Entwickelt sich Rußland zum „normalen" europäischen Nationalstaat, oder wird es wieder eine imperialistische Macht?
- Die Zeichen stehen eher auf Sturm als auf Ruhe. Jedenfalls muß der Sicherheitspolitiker die russische Option einer durchaus aggressiven Großmachtpolitik in Europa, Zentralasien und dem Mittleren Osten als wahrscheinlich einplanen, zumindest für eine Übergangszeit von Jahrzehnten bis zu einer nicht auszuschließenden Entwicklung Rußlands im Sinne einer westlichen Demokratie.
- Bleibt die Ukraine ein selbständiger Staat?
  Kehrt sie nach Rußland „heim", dann erweitern sich die Gestaltungsmöglichkeiten russischer Großmachtpolitik gegenüber SO-Europa und im Schwarzmeer (sowie letztlich bis in den Mittelmeerbereich hinein) ganz entscheidend. Die Frage erscheint nach beiden Seiten offen.
- Werden sich die Beziehungen der Europäer zu der USA harmonisch entwickeln oder stehen harte Handelskriege bevor, die letztlich die gemeinsame globale Interessensbasis unterhöhlen könnten?

Der wirtschaftliche Konkurrenzkampf zwischen den USA, der EU und Japan (und künftig wohl auch noch mit anderen Ländern Ostasiens) kann – im Interesse der Sicherung amerikanischer Wirtschaftsinteressen, die letztlich die Basis ihrer Machtpolitik bestimmen – zu einer Balance of Power-Policy der USA führen, in der Europa (bzw. die EU) eine ganz normale Spielgröße wird, was durchaus auch in strategische Gegnerschaft münden kann. (Dies auch unter dem Aspekt des allmählichen Prozesses der Enteuropäisierung der US-Gesellschaft).

Im Rahmen dieser Entwicklungen hat aber auch Österreich auf Grund seiner geographischen Lage nicht geringe Bedeutung für die Bildung der künftigen Einflußzonen in Europa.

Ein diesbezüglicher Faktor war der EU-Beitritt Österreichs, denn der allgemeinsicherheitspolitische Aspekt der EU ist durchaus losgelöst von der jeweiligen konkreten sicherheitspolitischen Wirksamkeit der EU zu betrachten.

Bei aller derzeitigen Unfähigkeit der EU, als internationaler Machtfaktor selbst komplett in Erscheinung zu treten, ist sie doch eine Wirtschaftsunion und eine Staatenkooperationsgemeinschaft, die sehr wohl als solche ernst genommen wird. Alleine die Existenz der EU ist ein sicherheitspolitischer Faktor, denn sie wirkt stabilisierend, indem sie Westeuropa und Teile Mitteleuropas zu einer großen Zone friedfertigen Neben- und Miteinanders entwickelt hat. Ihre räumliche Ausdehnung hat natürlich Bedeutung für die Stabilität Europas, wobei nicht nur die EU-Länder selbst als relativ sicherer Bereich angesehen werden; die EU wirkt auch stabilitätsausstrahlend auf ihr Vor- und Umfeld.

Der Beitritt der drei (ehemals) neutralen Länder Finnland, Österreich und Schweden hat der EU neue sicherheitspolitische Wirkungsmöglichkeiten eröffnet:

- Österreich ragt wie ein Balkon in den mittelosteuropäischen Raum. Es gibt Ungarn und der Slowakei eine Grenze mit der EU und dockt diese Länder gleichsam an die EU an. Österreichs EU-Beitritt hat die EU-Grenzen Tschechiens und Sloweniens bedeutend erweitert. – Österreichs EU-Mitgliedschaft bedeutet auch einen entscheidenden Schritt der EU in Richtung Ost und Südost für künftige allfällige operative Überlegungen im Rahmen der GASP oder der WEU.
- Schweden und Finnland wiederum geben der EU jene Nordost-Flanke, die einmal eine direkte Landgrenze mit Rußland ergibt und zum anderen erst jene Voraussetzung schafft, um den Ostseeraum stärker mitzugestalten. – Dabei wird zwar der Einfluß der EU auf die baltischen Staaten zuweilen überschätzt; sie liegen am Herzen Rußlands und bleiben in dessen geopolitischem Interessensbereich; aber ohne die Nordosterweiterung lägen sie überhaupt fernab des politischen Europa.
- Durchaus bedeutungsvoll ist die Kombination von Nordosteuropa und Ost-Mitteleuropaerweiterung der EU auch für Polen, das aus seiner bisherigen Mittellage zwischen EU und Rußland viel stärker in eine EU-Einbettung geraten ist.

So gesehen bedeutet die EU-Erweiterung von 1995 eine Chance sowohl zur Stabilisierung Mitteleuropas als auch zur stärkeren Begrenzung künftiger russischer Einflußbereiche.

Österreichs EU-Beitritt als entscheidender Schritt seiner Westintegration hat für Mitteleuropa in politisch-strategischer Sicht große Bedeutung. Der Beitritt Österreichs zur WEU und zur NATO würde sicherheitspolitische Tatsachen zum eigenen Vorteil wie zu dem unserer Nachbarn schaffen; er hätte unumgängliche Auswirkungen auf die Entwicklung in Ungarn und der Slowakei, ebenso auf die in Slowenien und in abgeschwächter Form auch auf die Tschechiens. Für Ungarn und die Slowakei (als unsere Nachbarn hervorgehoben, aber ebenso gültig für Polen und Rumänien) ist die Frage der Unabhängigkeit der Ukraine ein anderes entscheidendes Kriterium für die Zugehörigkeit zu Einflußbereichen; dabei ist von der Einschätzung auszugehen, daß der EU-Beitritt dieser Länder in den nächsten Jahren nicht zustande kommen wird und der NATO-Beitritt nur für die Visegrad-Länder zwar zur Debatte steht (mit großem Fragezeichen für die Slowakei), aber noch keineswegs beschlossene Sache ist.

Ein NATO-Mitglied Österreich gäbe Ungarn und der Slowakei geographischen Anschluß an den politischen Westen; bleibt die Ukraine selbständig, so steht ihrer weiteren Annäherung an den Westen nichts im Wege (außer sie selbst vielleicht) und sie gehören – auch ohne EU- oder NATO-Mitgliedschaft – nicht vollständig zum Einflußbereich Rußlands (es sei denn, sie suchten selbst die Anbindung an Rußland). Für die Slowakei wäre die Westanbindung damit gefestigt, für Tschechien wohl definitiv. Im Falle der „Heimkehr“ der Ukraine zu Rußland hätten die Slowakei und Ungarn zwar wieder eine gemeinsame Grenze mit Rußland, aber immerhin auch eine zum NATO-Territorium; soferne sie die NATO-Mitgliedschaft bis zu diesem Zeitpunkt nicht erreicht hätten, wäre immerhin diese Option auch dann noch mehr oder weniger offen, insbesondere dann, wenn der NATO-Integrationsprozeß über die PfP bereits gewisse Fortschritte erzielt haben sollte. Sie wären als NATO-Freunde auch dann zumindest dem einseitigen russischen Einflußbereich weitestgehend entzogen.

Die „Heimkehr" der Ukraine wäre für Österreich fatal

Wenn aber im Falle der Rückkehr der Ukraine ins russische Imperium Österreich nicht NATO-Mitglied ist, sieht die sicherheitspolitische Situation unserer Nachbarn bereits sehr ungünstig aus. Ungarn und die Slowakei hätten keine so deutliche sicherheitspolitisch-geographische Anbindung an den Westen, wohl aber über eine russische Ukraine das Erfordernis der Rücksichtnahme auf die Interessen Rußlands; das würde sie, wenn schon nicht unbedingt sofort zur Zugehörigkeit zur russischen Einflußzone, so doch wahrscheinlich zu einer Art Neutralität zwischen dem Westen und Rußland verurteilen und ihre volle Zugehörigkeit zum politischen Westen verzögern, wenn nicht definitiv verhindern bzw. würde diese direkt von der Entwicklung in Rußland abhängen.

Österreich hätte als NATO-Mitglied tatsächlich jene Brükkenfunktion zwischen dem politischen Westen und Ost-Mitteleuropa, deren Bestehen man in der Zeit des Kalten Krieges oft zur Ideologisierung (bzw. ethischen Rechtfertigung) unserer Neutralität behauptet hat.

In seiner derzeitigen Randlage am konsolidierten Westen müßte Österreich an der Ausdehnung des westlichen Einflußbereiches in Richtung Osten interessiert sein. Es könnte durch seine militärische Westintegration selbst einen entscheidenden Beitrag dazu leisten. Der österreichische NATO-Beitritt würde aus dem derzeitigen NATO-Vorfeldland ein vollintegriertes mit eigenem Vorfeld im Osten machen; Österreich würde den politisch-militärischen Westen gleichsam nach Osten verschieben und damit die strategischen Verhältnisse zugunsten des Westens verändern. Soferne Österreich sich selbst als Bestandteil des politischen Westens begreift, würde es mit einer Stärkung des Westens logischerweise im Sinne von Realpolitik die eigene Basis stärken, im Sinne einer Politik, die auf nüchterner Erkenntnis der Gegebenheiten und des wirklich Erreichbaren beruht – versus einer Politik, die von naiven Erwartungshaltungen und Wunschdenken in moralischen (bzw. quasi-moralischen) Kategorien geleitet ist und sich weitgehend im Nachtrauern um die Neutralität erschöpft.

18. Konsequenzen für Österreich

Die Konsequenzen, die Österreich aus der vorfindbaren Situation ziehen sollte, sind relativ einfach festzustellen. Dazu soll an die vorherigen Überlegungen über das Erfordernis einer Strategie Österreichs angeschlossen und festgehalten werden:

- Österreich, das in der Zeit der Ost-West-Konfrontation ziemlich hilflos zwischen den beiden großen Militärpakten lag, könnte nun am besten vom Ende des Kalten Krieges profitieren: Es könnte sich in geostrategischer Hinsicht der Gefahr einer allfälligen Rückkehr früherer Situationen und der neuerlichen Einnahme der seinerzeitigen Mittellage entziehen, indem es sich sicherheitspolitisch und militärisch in den europäischen Westen integriert. Dadurch hätte es – in Retrospektive zur Zeit vor 1989 – seine Lage auf jeden Fall verbessert. sei geographisch am besten in der Lage, um vom Ende des Kalten Krieges zu profitieren, stellt der bedeutende amerikanische Historiker und Geopolitiker Paul Kennedy fest, weshalb man meinen möchte, daß die Österreicher, die ja durch die bedrohlichen Situationen im Osten stärker als z. B. Norwegen oder Schottland betroffen sind, überaus glücklich und optimistisch in bezug auf ihre Zukunft sein müßten. *(Paul Kennedy, Die Welt, Europa und Österreich, in: Europäische Rundschau 94/2)*
- Österreich muß in seiner Randlage am konsolidierten Westeuropa daran interessiert sein, voll in diesen konsolidierten Bereich integriert zu werden. Es wäre inkonsequent, die wirtschaftliche, sozialpolitische, geld- und finanzpolitische etc. Integration anzustreben, und ausge-

rechnet unseren schwächsten Bereich – den militärischen – auszuklammern.

- Österreich muß als Kleinstaat an der Konsolidierung Gesamteuropas interessiert sein. Die Konsolidierung und die Schaffung und Aufrechterhaltung einer stabilen Ordnung (im Sinne der Interessen westlicher Demokratien) für Gesamteuropa wird entscheidend davon abhängen, ob die NATO (gemeinsam mit der EU) eine Ordnungsmachtrolle auch in weiten Bereichen Osteuropas übernehmen wird und kann. Deshalb müßte Österreich von sich aus an einer Stärkung der Rolle der NATO interessiert sein.
- Die in der Zukunft zu erbringenden sicherheitspolitischen und militärischen Leistungen gehen weit über das hinaus, was ein Kleinstaat zu erbringen vermag. Österreich ist aufgrund der Tatsache, daß es seine militärische Landesverteidigung über Jahrzehnte hinweg stark vernachlässigt hat, in besonderem Maße auf eine europäische Arbeitsteiligkeit und Kooperation in diesem Bereich angewiesen.

Die einfache und logische Konsequenz für Österreich im Interesse gesamteuropäischer Entwicklung und insbesondere hinsichtlich der Entwicklungsmöglichkeiten in Mitteleuropa wäre der rasche Beitritt des Landes zur WEU und zur NATO.

Die Vorteile eines Beitritts für Österreich

Die Vorteile, die sich aus einer Mitgliedschaft Österreichs in den westlichen Bündnissen (WEU und NATO) ergeben würden, lassen sich kurz zusammengefaßt so darstellen:

- Die Vorteile für Österreich aufgrund der Sicherheit durch das Bündnis.

- Die Vorteile für die WEU bzw. für die NATO wegen ihrer geographischen Abrundung und besseren osteuropäischen Wirkungsmöglichkeiten bei Einschluß österreichischen Territoriums.
- Die Vorteile für die östlichen Anrainer Österreichs, die durch Österreichs Mitgliedschaft der künftigen russischen Einflußzone stärker entzogen wären, was zugleich auch wiederum ein zusätzlicher Sicherheitspolster für Österreich wäre.
- Die Vorteile für Österreich und seine östlichen Anrainer, schließlich für fast ganz Europa, wegen der deutlich erhöhten Stabilität in Zentraleuropa.
- Vorteil einer allgemeinen Vertiefung der Integration Österreichs in die westliche Staatengemeinschaft.
- Wirtschaftliche Vorteile für Österreich durch Einbindung in multinationale Rüstungsprojekte im Rahmen der NATO. Die Partizipation an der Forschung, Entwicklung und Produktion komplexer Waffen- und Logistiksysteme setzt volkswirtschaftlich höherwertige Impulse als Kompensationsaufträge im Gefolge von Beschaffungen im Ausland. Aus den Erfahrungen und Kontakten der Zusammenarbeit mit großen internationalen Firmenkonsortien verbessern sich natürlich auch die Chancen für den Zugang zu technisch anspruchsvollen zivilen (Groß-)Projekten.

Österreichs NATO-Beitritt würde auch den der ostmitteleuropäischen Bewerber erleichtern, da ansonsten eine geographische Erschwernis zur vollen Integration dieser Länder (insbesondere Ungarns, aber auch der Slowakei) bestünde. Gerade weil einige NATO-Beitrittswerber dazu noch nicht geeignet sind, wäre ein rascher Beitritt Österreichs für die mitteleuropäische Entwicklung und Stabilität besonders wichtig.

Österreich könnte sofort der NATO beitreten, wenn es wollte und dies öffentlich und klar zum Ausdruck brächte. Es erfüllt alle wesentlichen Kriterien für die Aufnahme; es bedürfte keiner so langen Vorbereitungszeit wie bei den Mitgliedern des Warschauer Paktes. Österreich könnte nun aber tatsächlich Gefahr laufen, bei der NATO-Mitgliedschaft zu spät zu kommen, zumal eine NATO-Debatte bei uns bislang tunlichst vermieden wurde.

Konnte man 1989/90 die weitgehende Verweigerung der Neutralitätsdebatte noch dadurch entschuldigen, daß viele der in der Sicherheitspolitik dilettierenden Politiker aus der optimistischen Perspektive mancher Zeitzeugen heraus vermeinten, nun sei auf der ganzen Welt der Friede ausgebrochen und man habe unendlich viel Zeit für die Lösung sicherheitspolitischer Probleme zur Verfügung, so gilt diese Entschuldigung heute auch für die Blauäugigen nicht mehr. Der Faktor Zeit wird durch den trotzenden Willen Rußlands zur Inanspruchnahme größerer Einflußbereiche knapp, sodaß die Entscheidung (zu unterscheiden vom Fahrplan der Realisierbarkeit, der sicherlich auch mit der Frage der Aufnahme weiterer Mitglieder zusammenhinge) über Österreichs NATO-Mitgliedschaft bereits überfällig wäre. Weiter zuzuwarten kann somit das Verschlafen der Chance der militärischen Westintegration bedeuten.

Hinsichtlich der Beitrittsmöglichkeit Österreichs zur NATO gilt es auch festzuhalten, daß alle gegenteiligen Argumentationen, daß wir, obwohl immer schon ein westlich orientiertes Land, nicht NATO-kompatibel wären bzw. das weniger sein sollten als einzelne ehemals kommunistisch regierte

Länder, nicht ernst zu nehmende Rhetorik sind. Auch die Behauptung, daß wir uns den NATO-Beitritt nicht leisten könnten, weil es dazu moderner Waffensysteme bedürfte, geht am Wesentlichen vorbei. Erstens: Weil sich Österreich selbstverständlich viele moderne Waffensysteme leisten könnte, wenn es wollte. (Österreichs Volkseinkommen ist doppelt so groß wie das seiner östlichen Nachbarn zusammen. Wie sollten sich die dann jemals den NATO-Beitritt leisten können?). Zweitens: Weil die Frage, ob man sich moderne Waffensysteme leisten will oder nicht auch ohne NATO-Beitritt beantwortet werden muß; das betrifft nämlich die Frage, ob man eine Landesverteidigung will oder nicht – sei es alleine und isoliert oder im Bündnis.

Die NATO-Mitgliedschaft Österreichs würde einen deutlichen Beitrag zur Stabilisierung Zentraleuropas leisten. Sie wäre nicht nur für uns selbst ein Vorteil, weil ein NATO-Mitglied Österreich für alle heute denkbaren möglichen Szenarien der uns vorstellbaren Zukunft absolut unangreifbar wäre, sondern auch, weil wir unseren Nachbarn – insbesondere Ungarn und der Slowakei – die nötige Rückendeckung böten. Auch würde Österreichs NATO-Mitgliedschaft der rascheren NATO-Erweiterung in Richtung der bereits am meisten entwickelten Reformländer entgegenkommen *und gleichsam die Brücke dorthin bauen.*

Anhang

Gründungsvertrag der NATO

Der Nordatlantikvertrag

Washington DC, 4. April 1949

Die Parteien dieses Vertrags bekräftigen erneut ihren Glauben an die Ziele und Grundsätze der Satzung der Vereinten Nationen und ihren Wunsch, mit allen Völkern und allen Regierungen in Frieden zu leben.

Sie sind entschlossen, die Freiheit, das gemeinsame Erbe und die Zivilisation ihrer Völker, die auf den Grundsätzen der Demokratie, der Freiheit der Person und der Herrschaft des Rechts beruhen, zu gewährleisten. Sie sind bestrebt, die innere Festigkeit und das Wohlergehen im nordatlantischen Gebiet zu fördern.

Sie sind entschlossen, ihre Bemühungen für die gemeinsame Verteidigung und für die Erhaltung des Friedens und der Sicherheit zu vereinigen.

Sie vereinbaren daher diesen Nordatlantikvertrag:

ARTIKEL I

Die Parteien verpflichten sich, in Übereinstimmung mit der Satzung derVereinten Nationen, jeden internationalen Streitfall, an dem sie beteiligt sind, auf friedlichem Wege so zu regeln, daß der internationale Frieden, die Sicherheit und Gerechtigkeit nicht gefährdet werden, und sich in ihren internationalen Beziehungen jeder Gewaltandrohung oder Gewaltanwendung zu enthalten, die mit den Zielen der Vereinten Nationen nicht vereinbar ist.

ARTIKEL 2

Die Parteien werden zur weiteren Entwicklung friedlicher und freundschaftlicher internationaler Beziehungen beitragen, indem sie ihre freien Einrichtungen festigen, ein besseres Verständnis für die Grundsätze herbeiführen, auf denen diese Einrichtungen beruhen, und indem sie die Voraussetzungen für die innere Festigkeit und das Wohlergehen fördern. Sie werden bestrebt sein, Gegensätze in ihrer internationalen Wirtschaftspolitik zu beseitigen und die wirtschaftliche Zusammenarbeit zwischen einzelnen oder allen Parteien zu fördern.

ARTIKEL 3

Um die Ziele dieses Vertrags besser zu verwirklichen, werden die Parteien einzeln und gemeinsam durch ständige und wirksame Selbsthilfe und gegenseitige Unterstützung die eigene und die gemeinsame Widerstandskraft gegen bewaffnete Angriffe erhalten und fortentwickeln.

ARTIKEL 4

Die Parteien werden einander konsultieren, wenn nach Auffassung einer von ihnen die Unversehrtheit des Gebiets, die politische Unabhängigkeit oder die Sicherheit einer der Parteien bedroht sind.

ARTIKEL 5

Die Parteien vereinbaren, daß ein bewaffneter Angriff gegen eine oder mehrere von ihnen in Europa oder Nordamerika als ein Angriff gegen sie alle angesehen werden wird; sie vereinbaren daher, daß im Falle eines solchen bewaffneten Angriffs jede von ihnen in Ausübung des in Artikel 51 der Satzung der Vereinten Nationen anerkannten Rechts der individuellen oder kollektiven Selbstverteidigung der Partei oder den Parteien die angegriffen werden, Beistand leistet, indem jede von ihnen unverzüglich für sich und im Zusammenwirken mit den anderen Parteien die Maßnahmen einschließlich der Anwendung von Waffengewalt, trifft, die sie für erforderlich erachtet. um die Sicherheit des nordatlantischen Gebiets wiederherzustellen und zu erhalten. Von jedem bewaffneten Angriff und allen daraufhin getroffenen Gegenmaßnahmen ist unverzüglich dem Sicherheitsrat Mitteilung zu machen. Die Maßnahmen sind einzustellen. sobald der Sicherheitsrat diejenigen Schritte unternommen hat, die notwendig sind. um den internationalen Frieden und die internationale Sicherheit wiederherzustellen und zu erhalten.

ARTIKEL 6[1]

Im Sinne des Artikels 5 gilt als bewaffneter Angriff auf eine oder mehrere der Parteien jeder bewaffnete Angriff

- auf das Gebiet eines dieser Staaten in Europa oder Nordamerika. auf die algerischen Departements Frankreichs.[2] auf

[1] In der anläßlich des Beitritts Griechenlands und der Türkei durch Artikel 2 des Protokolls zum Nordatlantikvertrag geänderten Fassung.

[2] Am 16. Januar 1963 stellte der Rat fest. daß die Bestimmungen des Nordatlantikvertrags betreffend die ehemaligen algerischen Departments Frankreichs mit Wirkung vom 3. Juli 1962 gegenstandslos geworden sind.

das Gebiet der Türkei oder auf die der Gebietshoheit einer der Parteien unterliegenden Inseln im nordatlantischen Gebiet nördlich des Wendekreises des Krebses;

- auf die Streitkräfte, Schiffe oder Flugzeuge einer der Parteien. wenn sie sich in oder über diesen Gebieten oder irgendeinem anderen europäischen Gebiet, in dem eine der Parteien bei Inkrafttreten des Vertrags eine Besatzung unterhält oder wenn sie sich im Mittelmeer oder im nordatlantischen Gebiet nördlich des Wendekreises des Krebses befanden.

ARTIKEL 7

Dieser Vertrag berührt weder die Rechte und Pflichten, welche sich für die Parteien, die Mitglieder der Vereinten Nationen sind aus deren Satzungen geben. oder die in erster Linie bestehende Verantwortlichkeit des Sicherheitsrats für die Erhaltung des internationalen Friedens und der internationalen Sicherheit. noch kann er in solcher Weise ausgelegt werden.

ARTIKEL 8

Jede Partei erklärt, daß keine der internationalen Verpflichtungen, die gegenwärtig zwischen ihr und einer anderen Partei oder einem dritten Staat bestehen, den Bestimmungen dieses Vertrags widerspricht und verpflichtet sich, keine diesem Vertrag widersprechende internationale Verpflichtung einzugehen.

ARTIKEL 9

Die Parteien errichten hiermit einen Rat, in dem jede von ihnen vertreten ist. um Fragen zu prüfen. welche die Durchführung dieses Vertrags betreffen. Der Aufbau dieses Rats ist so zu gestalten, daß er jederzeit schnell zusammentreten kann. Der Rat errichtet, soweit erforderlich, nachgeordnete Stellen. insbesondere setzt er unverzüglich einen Verteidigungsausschuß ein, der Maßnahmen zur Durchführung der Artikel 3 und 5 zu empfehlen hat.

ARTIKEL 10

Die Parteien können durch einstimmigen Beschluß jeden anderen europäischen Staat. der in der Lage ist, die Grundsätze dieses Vertrags zu fördern und zur Sicherheit des nordatlantischen Gebiets beizutragen, zum Beitritt einladen. Jeder so eingeladene Staat kann durch Hinterlegung seiner Beitrittsurkunde bei der Regierung der Vereinigten Staaten von Amerika Mitglied dieses Vertrags werden. Die Regierung der Vereinigten Staaten von Amerika unterrichtet jede der Parteien von der Hinterlegung einer solchen Beitrittsurkunde.

ARTIKEL 11

Der Vertrag ist von den Parteien in Übereinstimmung mit ihren verfassungsmäßigen Verfahren zu ratifizieren und in seinen Bestimmungen durchzuführen. Die Ratifikationsurkunden werden so bald wie möglich bei der Regierung der Vereinigten Staaten von Amerika hinterlegt, die alle an deren Unterzeichnerstaaten von jeder Hinterlegung unterrichtet. Der Vertrag tritt zwischen den Staaten, die ihn ratifiziert haben, in Kraft, sobald die Ratifikationsurkunden der Mehrzahl der Unterzeichnerstaaten, einschließlich derjenigen Belgiens, Kanadas, Frankreichs, Luxemburgs, der Niederlande, des Vereinigten Königreichs und der Vereinigten Staaten. hinterlegt worden sind; für andere Staaten tritt er am Tage der Hinterlegung ihrer Ratifikationsurkunden in Kraft.[3]

ARTIKEL 12

Nach zehnjähriger Geltungsdauer des Vertrags oder zu jedem späteren Zeitpunkt werden die Parteien auf Verlangen einer von ihnen miteinander beraten, um den Vertrag unter Berücksichtigung der Umstände zu überprüfen, die dann den Frieden und die Sicherheit des nordatlantischen Gebiets berühren, zu denen auch die Entwicklung allgemeiner und regionaler Vereinbarungen gehört, die im Rahmen der Satzung der Vereinten Nationen zur Aufrechterhaltung des internationalen Friedens und der internationalen Sicherheit dienen.

ARTIKEL 13

Nach zwanzigjähriger Geltungsdauer des Vertrags kann jede Partei aus dem Vertrag ausscheiden, und zwar ein Jahr, nachdem sie der Regierung der Vereinigten Staaten von Amerika die Kündigung mitgeteilt hat; diese unterrich-

[3] Der Nordatlantikvertrag trat nach Hinterlegung der Ratifikationsurkunden durch alle Unterzeichnerstaaten am 24. August 1 949 in Kraft.

tet die Regierungen der anderen Parteien von der Hinterlegung jeder Kündigungsmitteilung.

ARTIKEL 14

Der Vertrag, dessen englischer und französischer Wortlaut in gleicher Weise maßgebend ist, wird in den Archiven der Vereinigten Staaten von Amerika hinterlegt. Diese Regierung übermittelt den Regierungen der anderen Unterzeichnerstaaten ordnungsgemäß beglaubigte Abschriften.

Dokument zum NATO-Gipfel 1994 in Brüssel

Erklärung der Staats- und Regierungschefs anläßlich ihrer Teilnahme am Treffen des Nordatlantikrats im NATO-Hauptquartier in Brüssel am 10. und 11. Januar 1994

1. Wir, die Staats- und Regierungschefs der Mitgliedsländer der Nordatlantischen Allianz, sind in Brüssel zusammengetreten, um unser Bündnis angesichts der historischen Veränderungen, die den gesamten europäischen Kontinent erfassen, zu erneuern. Wir begrüßen das neue Klima der Kooperation, das sich in Europa mit dem Ende der durch den Kalten Krieg verkörperten Periode weltweiter Konfrontation eingestellt hat. Wir müssen aber auch feststellen, daß andere Ursachen für Instabilität, Spannung und Konflikt entstanden sind. Wir bekräftigen daher die bleibende Gültigkeit und Unverzichtbarkeit unserer Allianz. Sie beruht auf einer starken transatlantischen Bindung als Ausdruck eines gemeinsamen Schicksals. Sie spiegelt eine Europäische Sicherheits- und Verteidigungsidentität wider, die als Ausdruck eines gereiften Europas schrittweise Gestalt annimmt. Sie strebt nach neuen Formen der Zusammenarbeit in ganz Europa. Sie beruht, wie schon in Artikel 2 des Washingtoner Vertrags vorgesehen, auf enger Zusammenarbeit in allen Bereichen. Aufbauend auf unseren Entscheidungen von London und Rom sowie unserem neuen Strategischen Konzept bringen wir Initiativen auf den Weg, die darauf angelegt sind, zu dauerhaf-

tem Frieden, Stabilität und Wohlstand in ganz Europa beizutragen, dem grundlegenden Ziel unserer Allianz seit jeher.

Wir haben vereinbart:
- die politischen und militärischen Strukturen des Bündnisses weiter anzupassen, um dem gesamten Spektrum seiner Aufgaben wie auch der Entwicklung der sich herausbildenden Europäischen Sicherheits- und Verteidigungsidentität Rechnung zu tragen und das Konzept alliierter Streitkräftekommandos zu billigen;
- zu bekräftigen, daß die Allianz für die Mitgliedschaft anderer europäischer Staaten offenbleibt;
- eine bedeutende Initiative über eine Partnerschaft für den Frieden einzuleiten, in der wir Partner auffordern, gemeinsam mit uns neue politische und militärische Anstrengungen zu unternehmen und Seite an Seite mit dem Bündnis zusammenzuarbeiten;
- unsere Anstrengungen gegen die Weiterverbreitung von Massenvernichtungswaffen und ihrer Trägersysteme zu intensivieren.

2. Wir bekräftigen unser nachdrückliches Bekenntnis zur transatlantischen Bindung, die das tragende Fundament der NATO bildet. Die weitere Präsenz substantieller Streitkräfte der Vereinigten Staaten in Europa ist ein entscheidend wichtiger Aspekt dieser Bindung. Alle unsere Länder wünschen die weitere unmittelbare Einbeziehung der Vereinigten Staaten und Kanadas in die Sicherheit Europas. Wir stellen fest, daß dies auch der ausdrückliche Wunsch der neuen Demokratie im Osten ist, die in der transatlantischen Bindung ein unersetzbares Pfand für Sicherheit und Stabilität in Europa insgesamt sehen. Die umfassendere Einbindung der Länder

Mittel- und Osteuropas sowie der ehemaligen Sowjetunion in ein eines und freies Europa kann ohne die starke und aktive Beteiligung aller Bündnispartner auf beiden Seiten des Atlantiks nicht erfolgreich sein.

3. Heute bekräftigen und erneuern wir diese Bindung zwischen Nordamerika und einem Europa, das im Begriffe ist, eine gemeinsame Außen- und Sicherheitspolitik zu entwickeln und größere Verantwortung in Verteidigungsangelegenheiten zu übernehmen. Wir begrüßen das Inkrafttreten des Vertrags von Maastricht und das Entstehen der Europäischen Union, die den europäischen Pfeiler der Allianz stärken und das Bündnis in die Lage versetzen wird, einen geschlossenen Beitrag zur Sicherheit aller Bündnispartner zu leisten. Wir bekräftigen, daß die Allianz das wesentliche Forum der Konsultation unter ihren Mitgliedsstaaten und für die Vereinbarung von politischen Maßnahmen ist, die sich auf die Sicherheits- und Verteidigungsverpflichtungen der Bündnispartner nach dem Washingtoner Vertrag auswirken.

4. Wir unterstützen uneingeschränkt die Entwicklung einer Europäischen Sicherheits- und Verteidigungsidentität, die – wie im Vertrag von Maastricht gefordert – in der längerfristigen Perspektive einer mit der Politik der Atlantischen Allianz zu vereinbarenden gemeinsamen Verteidigungspolitik innerhalb der Europäischen Union zu gegebener Zeit zu einer gemeinsamen Verteidigung führen könnte. Das Entstehen einer Europäischen Sicherheits- und Verteidigungsidentität wird den europäischen Pfeiler der Allianz stärken, dabei die transatlantische Bindung festigen und die transatlantischen Bündnispartner in die Lage versetzen, größere Verantwortung für ihre gemeinsame Sicherheit und Verteidigung zu überneh-

men. Die Allianz und die Europäische Union teilen gemeinsame strategische Interessen.

5. Wir unterstützen die Stärkung des europäischen Pfeilers der Allianz durch die Westeuropäische Union, die zur Zeit als die Verteidigungskomponente der Europäischen Union ausgebaut wird. Die Organisation und die Ressourcen des Bündnisses werden entsprechend angepaßt, um diesen Prozeß zu erleichtern. Wir begrüßen die enge und wachsende Zusammenarbeit zwischen NATO und der WEU, die auf der Grundlage vereinbarter Prinzipien der Komplementarität und Transparenz erzielt worden ist. In künftigen Krisenlagen werden NATO und die WEU sich beraten, soweit erforderlich auch durch gemeinsame Ratstreffen, um zu klären, wie solche Krisenlagen anzugehen sind.

6. Wir sind daher bereit, auf der Grundlage von Konsultationen im Nordatlantikrat kollektive Ressourcen des Bündnisses für WEU-Operationen zur Verfügung zu stellen, die von den europäischen Bündnispartnern in der Verfolgung ihrer gemeinsamen Außen- und Sicherheitspolitik wahrgenommen werden. Wir unterstützen die Entwicklung trennbarer, jedoch nicht getrennter Fähigkeiten, die den europäischen Bedürfnissen gerecht werden und zur Sicherheit der Allianz beitragen können. Bessere europäische Koordinierung und Planung werden gleichzeitig den europäischen Pfeiler und das Bündnis selbst stärken. Integrierten und multinationalen europäischen Strukturen, wie sie im Zusammenhang mit einer sich herausbildenden Europäischen Verteidigungsidentität weiterentwickelt werden, kommt zunehmend ebenfalls eine ähnlich wichtige Rolle zu, um die Fähigkeit der Bündnispartner zu verbessern, in der gemeinsamen Verteidigung und bei anderen Aufgaben zusammenzuwirken.

7. In der Wahrnehmung unserer gemeinsamen transatlantischen Sicherheitserfordernisse wird die NATO zunehmend aufgefordert werden, Aufträge durchzuführen, zusätzlich zur traditionellen und grundlegenden Aufgabe der kollektiven Verteidigung ihrer Mitglieder, die eine Kernfunktion bleibt. Wir bekräftigen unser Angebot, von Fall zu Fall in Übereinstimmung mit unseren eigenen Verfahren friedenswahrende und andere Operationen unter der Autorität des UN-Sicherheitsrats oder der Verantwortung der KSZE zu unterstützen, unter anderem auch dadurch, daß wir Ressourcen und Fachwissen der Allianz zur Verfügung stellen. Eine Teilnahme an solchen Operationen oder Aufträgen bleibt den Entscheidungen der Mitgliedsstaaten in Übereinstimmung mit ihrer jeweiligen nationalen Verfassung vorbehalten.

8. Vor diesem Hintergrund muß die NATO die Anpassung ihrer Kommando- und Streitkräftestruktur entsprechend der im Strategischen Konzept der Allianz enthaltenen Forderungen nach flexiblen und zeitgerechten Reaktionen fortführen. Wir werden auch den europäischen Pfeiler der Allianz stärken müssen, indem wir die Nutzung unserer militärischen Fähigkeiten für NATO- und europäische/-WEU-Operationen erleichtern und die Teilnahme von Nichtbündnispartnern an gemeinsamen friedenswahrenden und anderen Operationen in Krisenlagen unterstützen, wie dies unter der „Partnerschaft für den Frieden" vorgesehen ist.

9. Daher beauftragen wir den Ständigen Nordatlantikrat, unter Beratung durch die Militärbehörden der NATO die Frage zu untersuchen, wie die politischen sowie militärischen Strukturen und Verfahren der Allianz weiter entwickelt und

angepaßt werden können, um die Allianzaufträge einschließlich Friedenswahrung effizienter und flexibler durchzuführen sowie die Zusammenarbeit mit der WEU zu verbessern und der sich herausbildenden Europäischen Sicherheits- und Verteidigungsidentität Ausdruck zu verleihen. Als Teil dieses Prozesses billigen wir das Konzept alliierter Streitkräftekommandos als Mittel, Operationen in Krisenlagen zu erleichtern, auch solche mit teilnehmenden Ländern von außerhalb der Allianz. Wir haben den Nordatlantikrat angewiesen, dieses Konzept unter Beratung durch die Militärbehörden zu entwickeln und die erforderlichen Fähigkeiten bereitzustellen. Der Rat wird unter Beratung durch die Militärbehörden und in Abstimmung mit der WEU die Umsetzung so angehen, daß trennbare, jedoch nicht getrennte militärische Fähigkeiten entstehen, die durch die NATO oder die WEU genutzt werden können. Der Ständige Nordatlantikrat wird den Ministern auf ihrem nächsten Treffen im Juni 1994 über die Umsetzung dieser Entwicklung berichten.

10. Unsere eigene Sicherheit ist untrennbar mit der aller anderen Staaten in Europa verknüpft. Die Festigung und Wahrung demokratischer Gesellschaften auf dem gesamten Kontinent, frei von jeder Form des Zwangs oder der Einschüchterung, sind daher für uns ebenso wie für alle anderen KSZE-Staaten nach den Verpflichtungen der Schlußakte von Helsinki und der Charta von Paris ein unmittelbares und konkretes Anliegen. Wir bleiben der weiteren Stärkung der KSZE – der einzigen Organisation die alle europäischen und nordamerikanischen Länder umfaßt – als Instrument präventiver Diplomatie, Konfliktverhütung, kooperativer Sicherheit sowie der Forderung von Demokratie und Menschenrechten zutiefst verpflichtet. Wir unterstützen aktiv die

Anstrengungen, die operativen Fähigkeiten der KSZE zur Frühwarnung, Konfliktverhütung und Krisenbewältigung auszubauen.

11. Als Teil unserer Anstrengung, präventive Diplomatie zu fördern, begrüßen wir den Vorschlag der Europäischen Union für einen Stabilitätspakt in Europa; wir werden zu dessen Ausgestaltung beitragen und sehen der im Frühjahr in Paris stattfindenden Eröffnungskonferenz entgegen.

12. Aufbauend auf der engen und langjährigen Partnerschaft zwischen den nordamerikanischen und europäischen Bündnispartnern treten wir dafür ein, Sicherheit und Stabilität in ganz Europa zu stärken. Wir haben daher den Wunsch, Bindungen zu den demokratischen Staaten im Osten von uns zu festigen. Wir bekräftigen, daß die Allianz, wie in Artikel 10 des Washingtoner Vertrages vorgesehen, für eine Mitgliedschaft anderer europäischer Staaten offenbleibt, die in der Lage sind, die Grundsätze des Vertrages zu fördern und zur Sicherheit des nordatlantischen Gebiets beizutragen. Wir erwarten und würden es begrüßen, wenn eine NATO-Erweiterung demokratische Staaten im Osten von uns erfassen würde, als Teil eines evolutionären Prozesses, unter Berücksichtigung politischer und sicherheitspolitischer Entwicklungen in ganz Europa.

13. Wir haben beschlossen, ein praktisches Sofortprogramm auf den Weg zu bringen, das die Beziehung zwischen der NATO und Teilnehmerstaaten verändern wird. Dieses neue Programm geht über Dialog und Kooperation hinaus und begründet eine wirkliche Partnerschaft – eine Partnerschaft für den Frieden. Wir laden die anderen im Nordatlantischen Kooperationsrat (NAKR) beteiligten Staaten ein, und andere KSZE-Länder, die in der Lage und willens sind, zu

diesem Programm beizutragen, sich uns in dieser Partnerschaft anzuschließen. Aktive Beteiligung an der Partnerschaft für den Frieden wird eine wichtige Rolle im evolutionären Prozeß der NATO-Erweiterung spielen.

14. Die operativ unter der Autorität des Nordatlantikrats stehende Partnerschaft für den Frieden wird neue Sicherheitsbeziehungen zwischen der Nordatlantischen Allianz und ihren Partnern für den Frieden knüpfen. Partnerstaaten werden vom Nordatlantikrat eingeladen, sich an politischen und militärischen Gremien im NATO-Hauptquartier zu beteiligen, soweit sie sich mit Partnerschaftsaktivitäten befassen. Die Partnerschaft wird die politische und militärische Zusammenarbeit in ganz Europa erweitern und intensivieren, Stabilität festigen, Bedrohungen des Friedens verringern und gestärkte Beziehungen aufbauen durch die Förderung des Gedankens der praktischen Kooperation und das Eintreten für demokratische Grundsätze, die unser Bündnis bestimmen. Die NATO wird mit jedem aktiven Teilnehmer an der Partnerschaft in Konsultationen eintreten wenn dieser Partner eine direkte Bedrohung seiner territorialen Integrität, politischen Unabhängigkeit oder Sicherheit sieht. In einem durch Fähigkeit und Wunsch der einzelnen Teilnehmerstaaten bestimmten Zeitmaß und Umfang werden wir konkret hinarbeiten auf Transparenz der Verteidigungshaushalte, die Förderung demokratischer Kontrolle der Verteidigungsministerien, gemeinsame Planung, gemeinsame militärische Übungen und den Aufbau einer Fähigkeit, mit NATO-Streitkräften zusammenzuwirken, in Bereichen wie Friedenswahrung, Such- und Rettungsdienst sowie humanitären und anderen eventuell zu vereinbarenden Operationen.

15. Zur Förderung engerer militärischer Zusammenarbeit und Interoperabilität werden wir im Rahmen der Partnerschaft Übungen zur Friedenswahrung ab 1994 vorschlagen. Um gemeinsame militärische Aktivitäten als Teil der Partnerschaft zu koordinieren, werden wir an der Partnerschaft beteiligte Staaten einladen, ständige Verbindungsoffiziere zum NATO-Hauptquartier und zu einer separaten Partnerschaftskoordinierungszelle in Mons (Belgien) zu entsenden, die unter der Autorität des Nordatlantikrats die militärische Planungsarbeit wahrnehmen würde, die erforderlich ist, um die Partnerschaftsprogramme umzusetzen.

16. Seit seiner Gründung vor zwei Jahren hat der Nordatlantische Kooperationsrat (NAKR) Intensität und Umfang seiner Aktivitäten stark erweitert. Wir werden mit allen unseren NAKR-Partnern weiter zusammenarbeiten, um kooperative Beziehungen im gesamten Spektrum der Allianzaktivitäten aufzubauen. Mit der Erweiterung von NAKR-Aktivitäten und der Schaffung der Partnerschaft für den Frieden haben wir beschlossen, ständige Einrichtungen im NATO-Hauptquartier für Personal aus NAKR-Ländern und anderen Teilnehmerstaaten an der Partnerschaft für den Frieden anzubieten, um unsere Arbeitsbeziehungen zu verbessern und engere Zusammenarbeit zu erleichtern.

17. Die Verbreitung von Massenvernichtungswaffen und ihrer Trägermittel stellt eine Bedrohung für die internationale Sicherheit dar und ist für die NATO ein Grund zur Sorge. Wir haben beschlossen, politische und verteidigungspolitische Anstrengungen der NATO gegen die Weiterverbreitung zu intensivieren und zu erweitern und dabei die in anderen internationalen Foren und Institutionen bereits laufenden Arbeiten zu berücksichtigen. In diesem Zusammenhang erteilen

wir den Auftrag, die Arbeit in geeigneten Gremien der Allianz unverzüglich in Angriff zu nehmen, um einen umfassenden politischen Rahmen für Überlegungen zu entwickeln, wie die laufenden Anstrengungen der Prävention verstärkt, wie die Proliferationsgefahr verringert und Schutz vor ihr erreicht werden können.

18. Wir messen der uneingeschränkten und rechtzeitigen Implementierung bestehender Rüstungskontroll- und Abrüstungsvereinbarungen sowie weiterem Fortschritt in Schlüsselfragen der Rüstungskontrolle und Abrüstung entscheidende Bedeutung bei, so

- der unbefristeten und unkonditionierten Verlängerung des Vertrages über die Nichtverbreitung von Kernwaffen (NVV) und der Arbeit zu einem verstärkten Verifikationsregime;
- dem baldigen Inkrafttreten des Übereinkommens über das Verbot Chemischer Waffen und neuen Maßnahmen zur Stärkung des Übereinkommens über das Verbot Biologischer Waffen;
- der Verhandlung über einen weltweiten und verifizierbaren umfassenden Teststoppvertrag;
- den auf der Agenda des KSZE-Forums für Sicherheitskooperation stehenden Fragen;
- der Sicherstellung der Integrität des KSE-Vertrags und der uneingeschränkten Erfüllung aller seiner Bestimmungen.

19. Wir verurteilen alle Akte des internationalen Terrorismus. Sie stellen eklatante Verletzungen der Menschenwürde und Menschenrechte dar und sind eine Bedrohung für die Pflege normaler internationaler Beziehungen. In Übereinstimmung mit unseren nationalen Gesetzen unterstreichen wir die Notwendigkeit der bestmöglichen Zusammenarbeit, um dieses Übel an der Wurzel zu fassen und zu beseitigen.

20. Wir bekräftigen unsere Unterstützung für politische und wirtschaftliche Reformen in Rußland und begrüßen die Annahme einer neuen Verfassung sowie die Durchführung demokratischer Parlamentswahlen durch die Bevölkerung der Russischen Föderation. Dies ist ein bedeutender Schritt vorwärts bei der Errichtung eines Rahmens für die Entwicklung dauerhafter demokratischer Institutionen. Wir begrüßen ferner die feste Verpflichtung der russischen Regierung auf demokratische und marktwirtschaftliche Reform sowie auf eine reformorientierte Außenpolitik. Beides ist von Bedeutung für Sicherheit und Stabilität in Europa. Wir sind der Auffassung, daß eine unabhängige, demokratische, stabile und nuklearwaffenfreie Ukraine ebenso zu Sicherheit und Stabilität beitragen würde. Wir werden die Reformprozesse in beiden Ländern weiter fördern und unterstützen und die Zusammenarbeit mit ihnen entwickeln, wie mit anderen Ländern Mittel- und Osteuropas.

21. Die Lage im Südkaukasus ist weiterhin Grund zu besonderer Sorge. Wir verurteilen die Anwendung von Gewalt zum Zweck territorialer Gewinne. Achtung der territorialen Integrität, Unabhängigkeit und Souveränität Armeniens, Aserbaidschans und Georgiens ist von wesentlicher Bedeutung für die Herstellung von Frieden, Stabilität und Zusammenarbeit in der Region. Wir fordern alle Staaten auf, internationale Anstrengungen unter der Ägide der Vereinten Nationen und der KSZE mitzutragen, die auf eine Lösung bestehender Probleme gerichtet sind.

22. Wir wiederholen unsere Überzeugung, daß die Sicherheit in Europa von der Sicherheit im Mittelmeerraum erheblich beeinflußt wird. Wir begrüßen nachdrücklich die im Nahost-Friedensprozeß kürzlich geschlossenen Vereinbarun-

gen, die eine historische Chance für eine friedliche und dauerhafte Lösung in dieser Region bieten. Dieser langerwartete Durchbruch hat sich positiv auf die Gesamtsituation im Mittelmeerraum ausgewirkt und eröffnet damit den Weg, Maßnahmen zur Förderung von Dialog, Verständigung und Vertrauensbildung zwischen den Ländern in der Region zu erwägen. Wir erteilen dem Ständigen Nordatlantikrat den Auftrag, die Gesamtsituation weiter im Auge zu behalten und ermutigen alle Anstrengungen, die einer Festigung der Stabilität in der Region dienlich sind.

23. Als Mitglieder der Allianz beklagen wir den andauernden Konflikt im ehemaligen Jugoslawien. Wir sind weiterhin der Ansicht, daß der Konflikt in Bosnien am Verhandlungstisch gelöst werden muß, und nicht auf dem Schlachtfeld. Nur die Beteiligten können dem ehemaligen Jugoslawien Frieden bringen. Nur sie können vereinbaren, ihre Waffen niederzulegen und der Gewalt ein Ende zu setzen, die während dieser vielen Monate nur demonstriert hat, daß keine Seite im Streben nach militärischem Sieg erfolgreich sein kann.

24. Wir sind uns einig in der Unterstützung der Anstrengungen der Vereinten Nationen und der Europäischen Union, eine Lösung des Konflikts in Bosnien auf dem Verhandlungsweg sicherzustellen, der alle Parteien zustimmen können; wir würdigen den Aktionsplan der Europäischen Union vom 22. November 1993 zur Sicherung einer solchen Verhandlungslösung Wir bekräftigen unsere Entschlossenheit, zur Umsetzung einer dauerhaften, im guten Glauben erzielten Lösung beizutragen. Wir würdigen die Schlüsselrolle der unmittelbaren Nachbarstaaten bei der Durchsetzung von Sanktionen gegen diejenigen, die Gewalt und Aggression weiter

unterstützen. Wir begrüßen die Zusammenarbeit zwischen NATO und der WEU bei der andauernden Durchsetzung von Sanktionen in der Adria.

25. Wir verurteilen die Verletzungen der Vereinbarungen, die die Parteien bereits unterzeichnet haben, um eine Waffenruhe in Kraft zu setzen und humanitäre Hilfe für die Opfer dieses schrecklichen Konflikts ungehindert durchzulassen. Diese Situation ist nicht hinnehmbar. Wir fordern alle Parteien eindringlich auf, ihre Vereinbarungen zu respektieren. Wir sind entschlossen, Hindernisse zu beseitigen, die der Realisierung des UNPROFOR-Mandats im Wege stehen. Wir werden Operationen zur Durchsetzung der Flugverbotszone über Bosnien fortführen. Wir fordern die uneingeschränkte Umsetzung der Resolutionen des UN-Sicherheitsrats in bezug auf die Verstärkung von UNPROFOR. Wir bekräftigen unsere Bereitschaft, unter der Autorität des VN-Sicherheitsrats und in Übereinstimmung mit den Entscheidungen der Allianz vom 2. und 9. August 1993 Schläge aus der Luft durchzuführen, um die Einschnürung von Sarajevo, der Schutzzonen und anderer bedrohter Gebiete in Bosnien-Herzegowina zu verhindern. Wir haben UNPROFOR eindringlich aufgefordert, umgehend Pläne aufzustellen um den Austausch des UNPROFOR-Kontingents in Srebrenica zu gewährleisten und zu prüfen, wie der Flugplatz Tuzla für humanitäre Hilfe geöffnet werden kann.

26. Die vergangenen fünf Jahre haben Europa historische Chancen wie auch neue Ungewißheiten und Instabilität gebracht. Unsere Allianz hat Schritte zur Anpassung an die neuen Gegebenheiten unternommen, und wir haben heute Beschlüsse in entscheidenden Bereichen gefaßt. Wir haben der Entwicklung einer sich herausbildenden Europäischen

Sicherheits- und Verteidigungsidentität unsere volle Unterstützung gegeben. Wir haben das Konzept alliierter Streitkräftekommandos als ein Mittel gebilligt, die Allianz ihren zukünftigen Aufgaben anzupassen. Wir haben eine neue Perspektive für schrittweise engere Beziehungen zu den Ländern Mittel- und Osteuropas sowie der ehemaligen Sowjetunion eröffnet. Bei allen diese Schritten haben wir unser Bündnis erneuert als vereinte Anstrengung und dauerhafte Verpflichtung Nordamerikas und Europas zur gemeinsamen und unteilbaren Sicherheit. Die Herausforderungen, denen wir gegenüberstehen, sind zahlreich und ernst. Unsere heute getroffenen Entscheidungen werden uns besser in die Lage versetzen, sie zu meistern.

Abkürzungen aus den Bereichen Europa und NATO mit deutschen und englischen Bedeutungen[1]

ABM
Anti-Ballistic Missile Treaty (1972)
ABM-Vertrag

ACCHAN
Allied Command Channel
Alliierter Kommandobereich Ärmelkanal

ACE
Allied Command Europe
Alliierter Kommandobereich Europa

ACLANT
Allied Command Atlantic
Alliierter Kommandobereich Atlantik

ACCS
Air Command and Control System
Führungssystem der Luftstreitkräfte

ADP
Automated Data Processing
Automatische Datenverarbeitung

1) NATO-Handbuch 1995, NATOPresse- und Informationsdienst -Brüssel

AEW
Airborne Early Warning
Luftgestützte Frühwarnung

AFCENT
Allied Forces Central Europe
Alliierte Streitkräfte Europa Mitte

AFNORTH
Allied Forces Northern Europa
Alliierte Streitkräfte Europa Nord

AFNORTHWEST
Allied Forces Northwest
Alliierte Streitkräfte Nordwesteuropa

AFSOUTH
Allied Forces Southern Europe
Alliierte Streitkräfte Südeuropa

AIRCENT
Allied Air Forces Central Europe
Alliierte Luftstreitkräfte Europa Mitte

AIRNORTHWEST
Allied Air Forces North Western Europe
Alliierte Luftstreitkräfte Nordwesteuropa

AGARD
Advisory Group for Aerospace Research
Beratergruppe für Luftfahrtforschung und -entwicklung

AMF
ACE Mobile Force
Bewegliche Eingreiftruppe im ACE

APAG
Atlantic Policy Advisory Group
Beratergruppe für Atlantische Politik

ARFPS
ACE Reaction Forces Planning Staff
Planungsstab der Krisenreaktionskräfte im ACE

ARRC
ACE Rapid Reaction Corps
Schnelles Krisenreaktionskorps ACE

ASW
Anti-Submarine Warfare
U-Bootabwehr

ATA
Atlantic Treaty Association
Vereinigung Atlantischer Gesellschaften

AWACS
Airborne Warning and Control System
Luftgestütztes Frühwarn- und Kontrollsystem

BALTAP
Allied Forces Baltic Approaches
Alliierte Streitkräfte Ostseezugänge

BMEWS
Ballistic Missile Early Warning System
Frühwarnsystem gegen ballistische Flugkörper

BTWC
Biological and Toxin Weapons Convention (1972)
Übereinkommen über biologische Waffen und Toxinwaffen

CAPS
Conventional Armaments Planning System
Planungssystem für konventionelle Rüstung

CAS
Close Air Support
Luftnahunterstützung

CBM
Confidence Building Measures
Vertrauensbildende Maßnahmen

CCMS
Committee on the Challenges of Modern Society
Ausschuß für die Herausforderungen der Modernen
Gesellschaft (NATO-Umweltausschuß)

CDE
Conference on Security and Confidence Building
Measures and Disarmament in Europe
Konferenz über Sicherheits- und
Vertrauensbildende Maßnahmen
und Abrüstung in Europa

CEAC
Committee for European Airspace Coordination
Ausschuß für die Koordinierung des
europäischen Luftraums

CEDP
Common European Defence Policy
Gemeinsame europäische Verteidigungspolitik

CEE
Central and Eastern Europe
Mittel- und Osteuropa

CENTAG
Central Army Group, Central Europe
Heeresgruppe Europa Mitte

CEOA
Central Europe Operating Agency
Fernleitungsbetriebsamt Europa Mitte

CEP
Civil Emergency Planning
Zivile Notstandsplanung

CEPS
Central Europe Pipeline System
Fernleitungssystem Europa Mitte

CFE
Conventional Armed Forces in Europe (Treaty 1990)

Konventionelle Streitkräfte in Europa
(Vertrag aus dem Jahre 1990)

CFE I A
Concluding Act of the Negotiations on Personnel Strengths of the Conventional Armed Forces in Europe Treaty (1992)
Abschlußakte der Verhandlungen über Personalstärken der konventionellen Streitkräfte in Europa (Vertrag 1992)

CFSP
Common Foreign and Security Policy
Gemeinsame Außen- und Sicherheitspolitik

CHANCOM
Channel Committee
Ausschuß Ärmelkanal

CIS
Commonwealth of Independent States
Gemeinschaft Unabhängiger Staaten

CIS
Communikations and Information Systems
Kommunikations- und Informationssysteme

CJTF
Combined Joint Task Force
Alliiertes Streitkräftekommando

CNAD
Conference of National Armaments Directors

Konferenz der Nationalen Rüstungsdirektoren

COMEDS
Committee of the Chiefs of Military Medical Services in NATO
Ausschuß der Leiter der Sanitäts- und Gesundheitsdienste in der NATO

CONMAROPS
Concept of Maritime Operations
Konzept für die Durchführung Maritimer Operationen

CPC
Conflict Provention Centre
Zentrum für Konfliktverhütung

CPX
Command Post Exercise
Stabsrahmenübung

CSBM
Confidence and Security Building Measures
Vertrauens- und Sicherheitsbildende Maßnahmen

CSCE
Conference on Security and Cooperation in Europe
Konferenz für Sicherheit und Zusammenarbeit in Europa
(seit dem 1. Januar 1995 in Organisation für Sicherheit und Zusammenarbeit in Europa (OSZE) umbenannt)

CST
Conventional Stability Talks
Gespräche über konventionelle Stabilität

CUSRPG
Canada-US Regional Planning Group
Regionale Planungsgruppe Kanada-USA

CWC Chemical Weapons Convention (1993)
Übereinkommen über Chemische Waffen (aus 1993)

DCA
Dual Capable Aircraft
In der konventionellen und nuklearen Rolle einsetzbares Luftfahrzeug

DGP
Senior Defence Group on Proliferation
Hochrangige Verteidigungspolit. Arbeitsgr. f. Proliferation

DPC
Defence Planning Committee
Verteidigungsplanungsausschuß

DRC
Defence Review Committee
Verteidigungsüberprüfungsausschuß

EC
European Community
Europäische Gemeinschaft

ECCM
Electronic Counter-Countermeasures
Gegenmaßnahmen gegen elektronische
Abwehrmaßnahmen

ECM
Electronic Countermeasures
Elektronische Gegenmaßnahmen

EFA
European Fighter Aircraft
Europäisches Kampfflugzeug

EMP
Electromagnetic Pulse
Elektromagnetischer Impuls

ESA
European Space Agency
Europäische Raumfahrtbehörde

ESDI
European Security and Defence Identity
Europäische Sicherheits- und Verteidigungsidentität

EU
European Union
Europäische Union

EUROGROUP
Informal Group of NATO European Defence Ministers

Informeller Zusammenschluß der europäischen Verteidgungsminister der NATO (aufgelöst 1993)

EW
Electronic Warfare
Elektronische Kampfführung

EWG
Executive Working Group
Exekutivarbeitsgruppe

FSU
Former Soviet Union
Die ehemalige Sowjetunion

GNW
Group on Nuclear Weapons
Gruppe für Nuklearwaffen

HLG
High Level Group
Hochrangige Gruppe

HLTF
High Level Task Force
Hochrangige Arbeitsgruppe

IATA
International Air Transport Association
Internationaler Verband für Luftverkehr

ICAO
International Civil Aviation Organisation
Internationale Zivile Luftfahrtorganisation

ICB
International Competitive Bidding
Internationale Ausschreibung

ICBM
Intercontinental Ballistic Missile
Interkonti nentaler ballisti scher Flugkörper

IEPG
Independent European Programme Group
Unabhängige europäische Programmgruppe

IISS
International Institute for Strategic Studies
Internationales Institut für strategische Studien

IMS
International Military Staff
Internationaler Militärstab

INF Intermediate-Range Nuclear Forces (Treaty 1987)
(Vertrag aus dem Jahre 1987 über)
Nukleare Mittelstreckensysteme größerer Reichweite

IPP
Individual Partnership Programme (PFP)
Individuelles Partnerschaftsprogramm

IRF
Immediate Reaction Forces
Sofort einsetzbare Krisenreaktionskräfte

JCP
Joint Committee on Proliferation
Gemeinsamer Ausschuß für Proliferation

LANDCENT
Allied Land Forces Central Europe
Alliierte Landstreitkräfte Europa Mitte

LANDSOUTH
Allied Land Forces Southern Europe
Alliierte Landstreitkräfte Europa Süd

LANDSOUTHCENT
Allied Land Forces South Central Europe
Alliierte Landstreitkräfte südliches Mitteleuropa

LANDSOUTHEAST
Allied Land Forces Southeastern Europe
Alliierte Landstreitkräfte südliches Osteuropa

LCC
Logistics Coordination Centre
Logistische Koordinierungszentrale

MAREQ
Military Assistance Requirements
Militärhilfeforderung

MAS
Military Agency for Standardization
Militärisches Amt für Standardisierung

MBFR
Mutual and Balanced Force Reductions
Beiderseitige und ausgewogene Truppenreduzierungen

MC
Military Committee
Militärausschuß

MCM
Mine Countermeasures
Maßnahmen zur Bekämpfung von Minen

MCMG
Military Committee Meteorological Group
Meteorologische Arbeitsgruppe des MC

MILREP
Military Representative (to the MC)
Militärischer Vertreter im MC (im Militärausschuß)

MNC
Major NATO Command/ Major NATO Commander
Oberster NATO-Befehlshaber bzw. Kommandobereich

MOD
Ministry of Defence
Verteidigungsministerium

MOU
Memorandum of Understanding
Regierungsvereinbarung

MSC
Major Subordinate Command/Major Subordinate Commander
Höherer Nachgeordneter Befehlshaber oder dessen Kommandobereich

NAA
North Atlantic Assembly
Nordatlantische Versammlung

NAC
North Atlantic Council
Nordatlantikrat

NACC
North Atlantic Cooperation Council
Nordatlantischer Kooperationsrat (NAKR)

NACISA
NATO Communications and Information Systems Agency
NATO-Amt für Kommunikations- und Informationssysteme

NACMA
NATO Air Command and Control Systems Management Agency
Leitstelle der NATO für das Führungssystem der Luftstreitkräfte

NADC
NATO Air Defence Committee
NATO-Ausschuß für Luftverteidigung

NADEFCOL
NATO Defence College
NATO-Verteidigungsakademie

NAEWF
NATO Airborne Early Warning Forces
Luftgestutzte Frühwarnkräfte der NATO

NAHEMA
NATO Helicopter (NH90) Design, Development, Production and Logistics Management
NATO-Leitstelle zur Planung, Entwicklung, Fertigung und logistischen Betreuung des Hubschraubers (NH90) für die 90er Jahre

NAMF I
NATO Missile Firing Station
NATO-Raketenschießplatz

NAMMA
NATO Multi-Role Combat Aircraft Development and Production Management Agency
Leitstelle für die Entwicklungs- und Produktionsorganisation für das NATO-Mehrzweck-Kampf-flugzeug

NATO Multi-Role Aircraft Development and Production Management
Entwicklungs- und Produktionsorganisation für das NATO-Mehrzweck-Kamppfugzeug

NAMSA
NATO Maintenance and Supply Agency
NATO-Amt für Material und Instandsetzung

NAMSO
NATO Maintenance and Supply Organisation
NATO-Organisation für Material und Instandsetzung

NAPMA
NATO Airborne Early warning and Control (AEW&C) Programme Management Agency
Leitstelle für das NATO-Frühwarn- und Kontrollsystem

NAPMO
NATO Airborne Early warning and Control Programme Management Organisation
Programmverwaltungsorganisation für das NATO-Frühwarn- und Kontrollsystem

NATO
North Atlantic Treaty Organisation
Nordatlantikpakt-Organisation

NAVNORTHWEST
Allied Naval Forces Northwestern Europe
Alliierte Seestreitkräfte Nordwesteuropa

NAVSOUTH
Allied Naval Forces Southern Europe
Alliierte Seestreitkräfte Europa Süd

NCCIS
NATO Command, Control and Information System
NATO-Führungs- und Informationssystem

NEFMA
NATO European Fighter Aircraft Development, Production and Logistics Management Agency
NATO-Leitstelle für die Entwicklung, Produktion und Logistik des Eurojägers

NEFMO
NATO European Fighter Aircraft Development, Production and Logistics Organisation
NATO-Verwaltungsorganisation für die Entwicklung, Produktion und Logistik des Eurojägers

NHMO
NATO HAWK Management Office
NATO-Leitstelle für den Flugkörper HAWK

NHPLO
NATO HAWK Production and Logistics Organisation
NATO-Produktions- und Logistikorganisation für den Flugkörper HAWK

NIAG
NATO Industrial Advisory Group

NATO-Industrie-Beratergruppe

NICS
NATO Integrated Communications System
Integriertes Kommunikationssystem der NATO

NMR
National Military Representative (to SHAPE)
Nationaler Militärischer Vertreter (bei SHAPE)

NORAD
North American Air Defence System
Nordamerikanisches Luftverteidigungssystem

NPG
Nuclear Planning Group
Nukleare Planungsgruppe

NPLO
NATO Production and Logistics Organisation
Produktions-und Logistikorganisation der NATO

NPT
Treaty on the Non-Proliferation of Nuclear weapons (1968)
Vertrag über die Nichtverbreitung von Kernwaffen
(aus dem Jahre 1968)

NSC
NATO Supply Centre
NATO-Zentrale für Nachschub und Versorgung

NTG
NATO Training Group
NATO-Arbeitsgruppe für Ausbildung

OECD
Organisation for Economic Cooperation and Development
Organisation für wirtschaftliche Zusammenarbeit und Entwicklung

OPEC
Organisation of Petroleum Exporting Countries
Organisation erdölexportierender Staaten

OSCE
Organisation for Security and Cooperation in Europe (formerly CSCE)
Organisation für Sicherheit und Zusammenarbeit in Europa (früher KSZE)

OTAN
Organisation du Traité de l'Atlantique Nord
Nordatlantikpakt-Organisation

PAPS
Periodic Armaments Planning System
System zur Planung und Fortschreibung von Rüstungsvorhaben

PC
Political Committee
Politischer Ausschuß

PCC
Partnership Coordination Cell
Partnerschaftskoordinierungszelle

PERM REP
Permanent Representative (to NATO)
Ständiger Vertreter (beim Nordatlantikrat)

PMSC Political-Military Steering Committee
on Partnership for Peace
Politisch-Militärischer Lenkungsausschuß
zur Partnerschaft für den Frieden

PMSC/AHG Political-Military SteeringCommittee/Ad Hoc
Group on Cooperation in Peacekeeping
Politisch-Militärischer Lenkungsausschuß/Ad-hoc-Gruppe
für Zusammenarbeit in der Friedenserhaltung

PNET
Peaceful Nuclear Explosion Treaty (1976)
Vertrag über Kernexplosionen zu friedlichen Zwecken
(aus dem Jahre 1976)

PPCG
Provisional Policy Coordination Group
Vorläufige Politische Koordinierungsgruppe

PSC
Principal Subordinate Command
Höherer Nachgeordneter Befehlshaber
oder dessen Kommandobereich

PTBT
Partial Test Ban Treaty
Teilstopp-Vertrag

PWP
Partnership work Programme (PFP)
Partnerschaftsarbeitsprogramm (PFP)

R&D
Research and Development
Forschung und Entwicklung

SACEUR
Supreme Allied Commander Europe
Oberster Alliierter Befehlshaber Europa

SACLANT
Supreme Allied Commander Atlantik
Oberster Alliierter Befehlshaber Atlantik

SACLANTCEN
SACLANT Undersea Research Centre
SACLANT-Unterwasserforschungszentrum

SALT
Strategic Arms Limitation Talks
Verhandlungen über die Begrenzung strategischer Rüstung

SATCOM
Satellite Communications
Kommunikationsverbindungen über Satelliten

SCEPC
Senior Civil Emergency Planning Committee
Oberausschuß für zivile Notstandsplanung

SCG
Special Consultative Group
Besondere Beratungsgruppe der NATO

SDI
Strategic Defence Initiative
Strategische Verteidigungsinitiative

SGP
Senior Political-Military Group on Proliferation
Hochrangige Poltisch-Militärische Arbeitsgruppe
für Proliferation

SHAPE
Supreme Headquarters Allied Powers Europe
Oberstes Hauptquartier der Alliierten Mächte in Europa

SLBM
Submarine-Launched Ballistic Missile
U-Boot-gestützter ballistischer Flugkörper

SLCM
Sea-Launched Cruise Missile
Seegestützter Marschflugkörper

SLWPG
Senior Level Weapons Protection Group

Arbeitsgruppe zum Schutz und zur Sicherheit
von Nuklearwaffen

SNF
Short Range Nuclear Forces
Nukleare Kurzstreckenwaffen

SPC
Senior Political Committee
Hochrangiger politischer Ausschuß

SRB
Senior Resource Board
Oberausschuß für Ressourcen

STANAG
Standardization Agreement
Standardisierungsvereinbarung

STANAVFORCHAN
Standing Naval Force Channel
Ständiger Flottenverband Ärmelkanal

STANAVFORLANT
Standing Naval Force Atlantic
Ständiger Flottenverband Atlantik

STANAVFORMED
Standing Naval Force Mediterranean
Ständiger Flottenverband Mittelmeer

START
Strategic Arms Reduction Treaty
Vertrag über die Reduzierung strategischer Waffen

STC
SHAPE Technical Centre
Technische Zentrale von SHAPE

SRIKEFORSOUTH
Naval Striking and Support Forces Southern Europe
Maritime Einsatz- und Unterstützungskräfte Europa Süd

TLE
Treaty Limited Equipment
durch den KSE-Vertrag begrenzte Ausrüstungen

TNF
Theatre Nuclear Forces
Nukleare Gefechtsfeldwaffen

UN
United Nations
Vereinte Nationen

UNCTAD
United Nations Conference on Trade and Development
Konferenz der VN über Handel und Entwicklung

UNESCO
United Nations Educational, Scientific
and Cultural Organisation

Organisation der VN für Erziehung, Wissenschaft und Kultur

UNPROFOR
United Nations Protection Force
VN-Schutztruppe

UNSC
United Nations Security Council
Sicherheitsrat der VN

VCC
Verification Coordination Committee
Verifikations-Koordinierungsausschuß

WEU
Western European Union
Westeuropäische Union

WG
Working Group
Arbeitsgruppe

WHO
World Health Organisation
Weltgesundheitsorganisation

WMD
Weapons of Mass Destruction
Massenvernichtungswaffen

Hinweise zu vertiefender Literatur

Zur NATO-Erweiterung:

ASMUS D. Ronald/Richard L. KUGLER/
Stephen F. LARRABEE:
NATO-Expansion: The Next Steps.
Survival vol. 37, No. 1/1995

KAMP Karl-Heinz:
Zwischen Friedenspartnerschaft und Vollmitgliedschaft –
Die NATO und die Erweiterungsfrage
Interne Studien (Konrad Adenauer-Stiftung) Nr. 102/1995

NERLICH Uwe:
Neue Sicherheitsfunktion der NATO
Europa-Archiv, Folge 23/1993

NERLICH Uwe:
Die NATO als Kernstück einer europäischen
Sicherheitsarchitektur
Europa-Archiv, Folge 17/1994

SCHMIDT Peter:
NATO-Erweiterung: möglichst bald
Internationale Politik und Gesellschaft
(Friedrich Ebert-Stiftung) Nr. 2/1995

Zu den euro-atlantischen Beziehungen:

KISSINGER A. Henry:
Die künftigen Beziehungen zwischen Europa und den Vereinigten Staaten
Europa-Archiv, Folge 23/1992

KISSINGER A. Henry:
Die Atlantische Gemeinschaft neu begründet.
Internationale Politik 1/1995

RUMMEL Reinhardt:
Atlantizismus – Reformaufgabe und Führungsauftrag
Europa-Archiv, Folge 12/1993

SCHMIDT Peter:
Die Sicherheitspolitik der EG-Staaten und die Vereinten Nationen: Konsequenzen für die Außenpolitik Deutschlands
A. Zunker (Hrsg.) Weltordnung oder Chaos,
Baden-Baden 1993

WEIDENFELD Werner:
Jenseits des Selbstverständlichen: Europa und USA brauchen einen Neubeginn
Europa-Archiv, Folge 13–14/1994

Zur österreichischen Sicherheitspolitik

FASSLABEND Werner:
Bericht an die Bundesregierung
Sicherheitspolitisches Umfeld und Streitkräfteentwicklung
Wien, Juni 1991

KORKISCH Friedrich:
Neue Bedrohungen für Europa - Droht eine Rückkehr zu den alten Bedrohungen?
Österreichische Militärische Zeitschrift, Heft 1/1995

REITER Erich:
Die Ausgangslage und Perspektiven Österreichs hinsichtlich der Teilnahme an einem europäischen Sicherheitssystem
Schriftenreihe der Landesverteidigungsakademie 4/1993

SCHNEIDER Heinrich:
Österreichs Sicherheitspolitik
Zwischen Aggression und Pazifismus
Österreichische Militärische Zeitschrift, Heft 5/1993

SUCHARIPA Ernst:
Europäische Sicherheitskonzepte
Außenpolitische Optionen für Österreich
International 1/1993

Zur Entwicklung Osteuropas und Rußlands

BRZEZINSKI Zbigniew:
Postkommunistischer Nationalismus
Europa-Archiv, Folge 24/1989

BRZEZINSKI Zbigniew:
Die übereilte Partnerschaft
Die falsche Strategie der Vereinigten Staaten gegenüber Rußland. Europa-Archiv, Folge 5/1994

DIEHL Ole:
Postsowjetische Risiken
Neue Herausforderungen an die deutsche Sicherheitspolitik
Arbeitspapiere zur Internationalen Politik 70, 12/1992

GASTEYGER Curt:
Die politische Entwicklung in den osteuropäischen Staaten
Österreichische Militärische Zeitschrift, Heft 3/1992

GASTEYGER Curt:
Ein gesamteuropäisches Sicherheitssystem?
Europa-Archiv, Folge 17/1992

RÜHL Lothar:
Aufstieg und Niedergang des russischen Reiches
Stuttgart 1992

SCHÜNEMANN Manfred:
GUS: Zwischen Nachlaßverwaltung und Reintegration
Blätter für deutsche und internationale Politik 3/1995

SEGBERS Klaus:
Rußlands Zukunft: Räume und Regionen
SWP Nr. 33, Baden-Baden 1994

SIMON Gerhard:
Rußland: Hegemon in Euroasien?
Osteuropa 5/1994

TIMMERMANN Heinz:
Die EU und Rußland
Blätter für deutsche und internationale Politik 3/1995

Zur österreichischen Neutralität:

ARNOLD Hans:
Neutralität von außen betrachtet
Europäische Rundschau 1/1994

KÖCK Heribert Franz:
Österreichs „immerwährende" Neutralität:
Ein Mythos geht zu Ende
Journal für Rechtspolitik 4/1993

KREJCI Herbert, REITER Erich, SCHNEIDER Heinrich (Hrsg.):
Neutralität: Mythos und Wirklichkeit, Wien 1992

ROTTER Manfred:
Von der integralen zur differentiellen Neutralität
Europäische Rundschau, 3/1991

SUCHARIPA Ernst:
Von der Neutralität zur europäischen Sicherheitsidentität:
Österreich und die Europäische Union
Integration 3/199

ZEMANEK Karl:
Die Entwicklung Europas und die österreichische
Neutralität
Österreichisches Jahrbuch für Politik, Wien 1991

Zur Westeuropäischen Union (WEU):

REITER Erich:
Eine europäische Sicherheitspartnerschaft durch die WEU
Orientierung für die österreichische Sicherheitspolitik
Österreichische Militärische Zeitschrift, Heft 2/1993

Zur EU und zur europäischen Sicherheit:

CZEMPIEL Ernst Otto:
Bausteine einer europäischen Friedensordnung
Europa-Archiv, Folge 4/1994

GÄRTNER Heinz:
Eine gesamteuropäische Sicherheitsstruktur?
Ein Friedensplan für Europa?
Österreichische Zeitschrift für Politikwissenschaft 4/1990

HEUSER Beatrice:
Die Zukunft der europäischen Sicherheit
Europa-Archiv, Folge 2/1991

JANNING Josef:
Europa braucht verschiedene Geschwindigkeiten
Europa-Archiv, Folge 18/1994

REGELSBERGER Elfriede:
Gemeinsame Außen- und Sicherheitspolitik nach Maastricht – Minimalreformen in neuer Entwicklungsperspektive
Integration 15. Jg., 2/1992, Beilage zur Europäischen Zeitung 4/1992

REITER Erich:
Österreich und die Gemeinsame Außen- und Sicherheitspolitik der Europäischen Union
Österreichische Militärische Zeitschrift, Heft 4/1992

WEIDENFELD Werner:
Ernstfall Europa. Der Kontinent braucht konzeptionelle Klarheit.
Internationale Politik 1/1995

WOLF Reinhard:
Kollektive Sicherheit und das neue Europa
Europa-Archiv, Folge 13/1992

Zum Verhätnis von Demokratie-Niveau und Kriegsneigung:

MANSFIELD Edward/Jack SNYDER:
Democratization and War
Foreign Affairs, May/June 1995

Der Autor

DDr. Erich Reiter, geboren 1944, ist Sektionschef im Bundesministerium für Landesverteidigung (Leiter der Präsidial- und Rechtssektion) und Lehrbeauftragter an den Universitäten in Graz und Klagenfurt. Autor zahlreicher politikwissenschaftlicher Publikationen, insbesondere auf dem Gebiet der internationalen Sicherheitspolitik.

Frühere Berufstätigkeit: Gerichtspraktikum, Bankdienst, Kammerangestellter, Finanzdienst, Klubsekretär, Bundesministerium für Wissenschaft und Forschung, Bundesministerium für Auswärtige Angelegenheiten, Bundeskanzleramt (Entwicklungshilfe), langjähriger Leiter des Ludwig-Boltzmann Institutes für politische Soziologie.